Hanoi Museum
in Vietnam
The Hanoi Museum
in Vietnam

Meinhard von Gerkan
Nikolaus Goetze

Hanoi Museum in Vietnam

The Hanoi Museum in Vietnam

gmp FOCUS

jovis

gmp · Architekten von Gerkan, Marg und Partner

Verortung

Location

21° 2' N, 105° 51' O

Weit im Norden Vietnams, wo der Rote Fluss sich teilt, liegt im fruchtbaren Biosphärenreservat des Flussdeltas Hanoi. Subtropisches Monsunklima prägt die Hauptstadt eines Landes, das auf eine wechselvolle Geschichte auch und gerade im Kontakt mit dem Westen zurückblickt: Handelsverbindungen, Kolonialmächte, Vietnamkrieg – um nur einige wenige Stichworte zu nennen.

Hanoi lies in the far north of Vietnam, where the Red River forks, in the fertile biosphere reserve of the river delta. A subtropical monsoon climate typifies this country's capital city. It is a country that looks back on a checkered history, particularly in its dealings with the West: trade links, colonial powers, the Vietnam War—to name just a few examples.

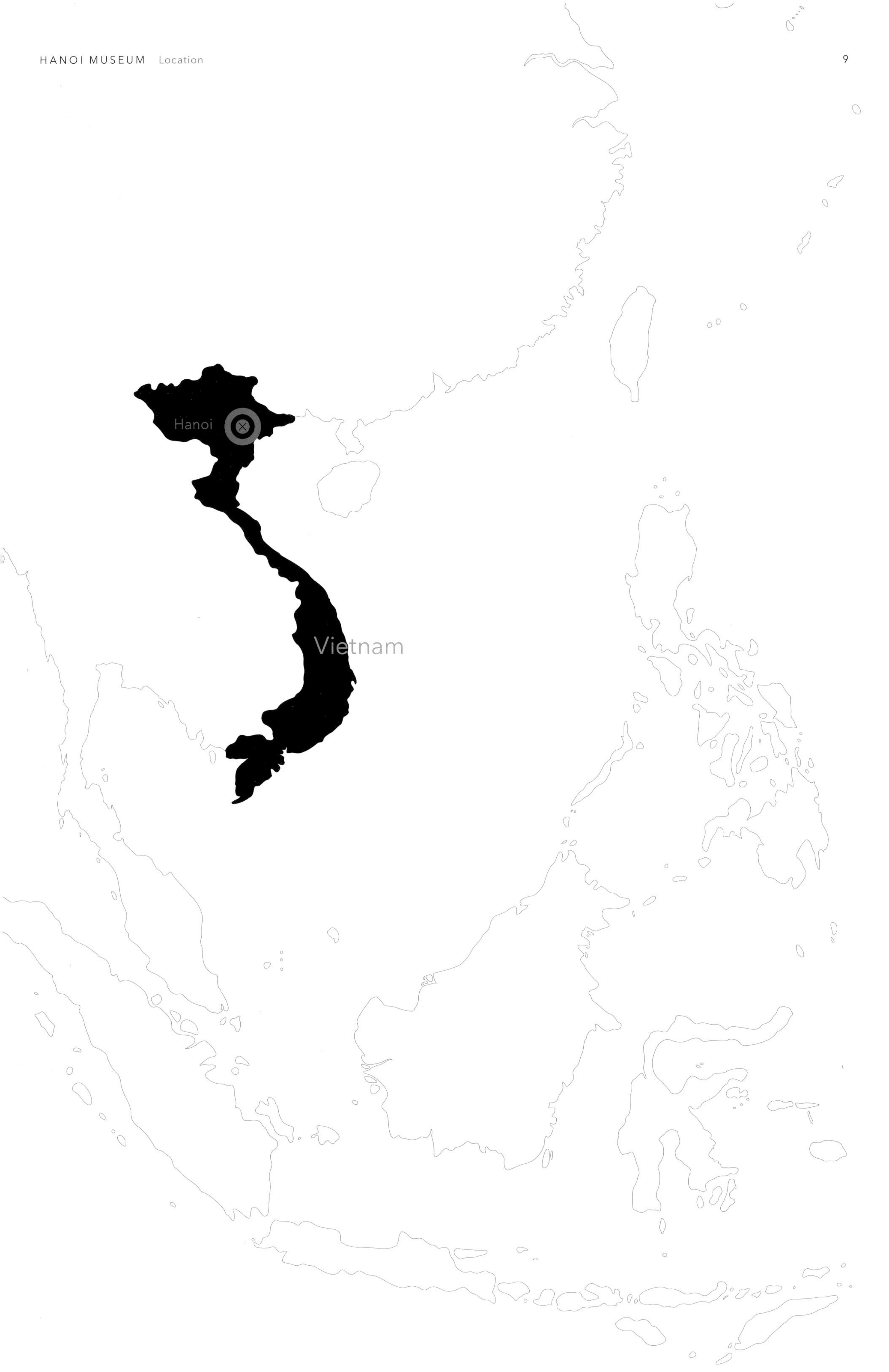
Hanoi
Vietnam

Hanoi - älteste Hauptstadt Südostasiens

Diese Geschichte hat auch das Stadtbild von Hanoi geprägt: Von 1883 bis 1945 war die Stadt das Verwaltungszentrum Französisch-Indochinas. In dieser Zeit entstand südlich des damaligen Kerns ein rechtwinklig angelegtes Netz mit Boulevards nach dem Vorbild des Haussmannschen Paris - inklusive Oper. Von der Altstadt war und ist das Kolonialviertel durch den 700 Meter langen Hoan-Kiem-See getrennt, ursprünglich ein Rückstausee des Roten Flusses.

In Alt-Hanoi finden sich bis heute Spuren aus sehr viel früheren Zeiten: Über 1000 Jahre alt ist etwa das Viertel der 36 Gassen mit seinen traditionellen Rohrhäusern. Das Jahr 1010 gilt denn auch als Gründungsjahr der, so heißt es, ältesten Hauptstadt Südostasiens, die heute lokale, chinesische und westliche Kultureinflüsse verbindet und so Zeugnis von ihrer wechselvollen Geschichte ablegt.

Hanoi in Zahlen
Fläche 3.345 km^2
Bevölkerung: 7,1 Mio. (Stand 2013)

Hanoi – Oldest Capital City in South-East Asia

This history has also shaped the cityscape of Hanoi: from 1883 to 1945 the city was the administrative center of French Indochina. During this period, a right-angled grid of boulevards modeled on Haussman's Paris – including its opera house – emerged to the south of what was then the city center. The colonial quarter was and remains separated from the Old Quarter by the 700-meter-long Hoan Kiem Lake, originally a reservoir of the Red River.

Today, Hanoi's Old Quarter still bears traces of much earlier eras: for example, the quarter contains thirty-six narrow streets with their traditional tube houses. The year 1010 is regarded as the founding year of what is alleged to be the oldest capital city in South-East Asia, a city that today combines local, Chinese, and western cultural influences in a testament to its checkered history.

Hanoi in Figures
Area: 3,345 square kilometers
Population: 7.1 million

Agglomeration Hanoi
Hanoi agglomeration area

Form und Funktion - das Hanoi Museum

Meinhard von Gerkan

Jede Bauaufgabe ist durch allgemeine und spezifische Bedingungen determiniert, Bauen ist grundsätzlich an Realitäten gebunden, denen es gerecht werden muss: Funktion und Nutzungsanforderungen, die Situation des Ortes und die Rolle des Bauherrn zum Beispiel.

Das führt notwendigerweise dazu, dass es in der Architektur keine „wahren" und „richtigen" Lösungen geben kann, weil die Beurteilungsmaßstäbe immer relativ und niemals absolut sind. Architektur kann somit nicht außerhalb ihres Kontextes beurteilt werden.

Eine der zentralen Realitäten bei der Planung des Hanoi Museums waren die klimatischen Bedingungen, die mit einer hohen Luftfeuchtigkeit und extrem heißen Sommern das Leben der Stadt maßgeblich beeinflussen. Jede Architektur muss dort bedenken, wie das Innere vor zu großer Hitze und Sonneneinstrahlung geschützt werden kann. Für ein Museum gilt das umso mehr, da dort Menschen ein längerer Aufenthalt ermöglicht werden soll und zugleich Exponate vor UV-Einstrahlung zu schützen sind. Ohne Berücksichtigung einer solchen Anforderung kann keine gute Architektur entstehen. Klimatisierung ist aber stets energieintensiv, weshalb sich uns die Frage stellte, inwiefern der Bau selbst in seiner formalen Ausgestaltung bereits energieeffizient auf das Klima reagieren könnte. Das Ergebnis ist die umgedrehte Pyramide, bei der jedes Stockwerk das darunterliegende verschattet.

Wenngleich diese zunächst funktionale Erwägung unseren Entwurf bestimmt hat, ist das Hanoi Museum ein gelungenes Beispiel dafür, wie Funktionalität und Ästhetik in Einklang gebracht werden können. Denn in der Architektur sind Form und Funktion zwei gleichwertige Komponenten, die teils unabhängig voneinander, teils in gegenseitiger Bedingtheit das Wesen eines Gebäudes bestimmen.

Die Funktion allein kann keine logische Form erzeugen, die Form nicht eindeutig durch die Funktion bestimmt werden. Ihre Findung - das Entwerfen - ist zusätzlich auf andere Bedingungen angewiesen, insbesondere den Dialog mit Ort und Situation. Bei diesem Projekt mussten wir uns daher mit Hanoi und seinen Traditionen auseinandersetzen.

In Bezug auf die Kolonialzeit hat man von Hanoi bisweilen als „bipolar" gesprochen und meinte damit sowohl die sozial-wirtschaftliche als auch die architektonische und städtebauliche Teilung der Stadt in das „französische" Hanoi und in das damit inkompatible traditionell vietnamesische.

Einer der wichtigsten Einflüsse auf die Architektur(geschichte) Hanois ist denn auch Paris, ein geläufiger Beiname der Stadt ist „Paris von Asien". Die französische Kolonialzeit ist in der Architektur Hanois noch heute sehr präsent. Doch Hanoi hat als älteste Stadt Südostasiens eine sehr lange Vergangenheit: Auch die gut 1000-jährige Geschichte der Stadt wird in traditioneller Architektur fühlbar. Die berühmte Ein-Säulen-Pagode ist das herausragende Beispiel dieser Architektur. Allerdings ist das Traditionelle in Hanoi nicht immer als solches und in Reinkultur identifizierbar - die vietnamesische Architektur liebt das Verspielte, das Historisierende und das Eklektizistische auch schon recht lange. So ist es folgerichtig, dass sich zu Beginn des 20. Jahrhunderts eine Verschmelzung des französischen und des vietnamesischen Stils zu entwickeln begann, die sich heute in allen erdenklichen Spielarten in der Stadt anschauen lässt. Architektonisch ist Hanoi schon längst nicht mehr bipolar. Es ist nicht ganz klar, was es ist, aber trotz oder wegen dieser Uneindeutigkeit haben in der Stadt viele architektonische Synthesen stattgefunden. Was wäre dann ein angemessenes architektonisches Wahrzeichen für die Stadt? Auch darüber muss man nachdenken, wenn man, so wie unser Büro, den ehren- und verantwortungsvollen Auftrag bekommt, das Hanoi Museum zu entwerfen und mit ihm ein Wahrzeichen für Hanoi zu setzen. Immerhin sollte die Eröffnung des Museums einer der Höhepunkte der 1000-Jahr-Feier der Stadt im Jahre 2010 sein.

→ Fortsetzung Seite 14

Form and Function – the Hanoi Museum

Meinhard von Gerkan

Every construction project is determined by general and specific conditions; construction is fundamentally tied to realities which it needs to satisfy: function and usage requirements, the situation of the location, and the role of the client, for example.

This inevitably means that there can be no "true" and "right" solutions in architecture because the assessment criteria are always relative and never absolute. Architecture thus cannot be judged outside of its context.

One of the central realities when planning the Hanoi Museum was the climatic conditions, which significantly influence life in the city, with high humidity and extremely hot summers. Here, each architecture must consider how to protect the interior from excessive heat and sunlight. This applies even more so to a museum because people need to be able stay there longer and exhibits must be protected from UV radiation. Good architecture cannot be created if such a requirement is not taken into consideration. However, air conditioning is always energy intensive, which is why we asked ourselves to what extent the building, even in its formal design, could react to the climate in a manner that is energy efficient. The result is the inverted pyramid in which each story provides shade for the one below it.

Although this functional consideration determined our design initially, the Hanoi Museum is a good example of how functionality and aesthetics can be reconciled. In architecture, design and function are two equivalent components that – partly independently, partly in relation to one another – determine the essence of a building.

The function alone cannot produce a logical form, and the form cannot be exclusively determined by the function. Finding them – the design – also depends on other conditions, particularly the dialogue with location and situation. For this project we therefore had to concern ourselves with Hanoi and its traditions.

With regard to the colonial period, Hanoi has sometimes been described as "bipolar," referring to both the socioeconomic as well as the architectural and urban planning division of the city into the "French" Hanoi and the traditionally Vietnamese sector, which seems incompatible with the French.

One of the most important influences on the architecture and its history in Hanoi is Paris; the city is commonly called "the Paris of Asia." The French colonial period is still very present in the architecture of Hanoi. Yet Hanoi, as the oldest city in South-East Asia, has a very long past: the over 1000 years of history can also be felt in the traditional architecture. The famous One Pillar Pagoda is the most prominent example of this architecture. However, the traditional in Hanoi is not always identifiable as such and in its purest form. For quite some time, Vietnamese architecture has also loved the playful, the historicizing, and the eclectic. It is therefore logical that, at the beginning of the twentieth century, a fusion of French and Vietnamese styles began to develop, which can be seen in all manner of variations in the city today.

Architecturally, Hanoi has long since ceased to be bipolar. It is not quite clear what it is, but in spite of, or because of, this ambiguity, many architectural syntheses have taken place in the city. What would then be an appropriate architectural landmark for the city? This is also something one has to think about if, like our office, one receives the job of designing the Hanoi Museum, a task that carries a lot of prestige and responsibility as it involves creating a landmark for Hanoi. The opening of the museum was, after all, supposed to be one of the highlights of the city's Millennial Anniversary in 2010.

I believe that an architectural landmark is at its best when it communicates itself as an iconic building in its own right; it must be able to stand alone and for itself. In other words, it must not need to be interpreted.. But it must, however, provide possibilities for interpretation. The shape of the museum is clear: it is a pyramid. Born out of the necessity to respond to climatic conditions in a meaningful way, it is nevertheless different: the pyramid is standing on its head.

→ Continued on page 14

Ich finde, dass ein architektonisches Wahrzeichen dann am besten ist, wenn es als ikonisches Gebäude sich selbst durch sich selbst mitteilt; es muss alleine und für sich selbst stehen können. Es darf also keinen Deutungszwang ausüben. Doch es muss, andererseits, Deutungsangebote bereithalten. Die Form des Museums ist eindeutig: Es ist eine Pyramide. Entstanden aus der Notwendigkeit, den klimatischen Gegebenheiten sinnvoll zu begegnen, ist sie trotzdem anders: Die Pyramide steht auf dem Kopf.

Das führt dazu, dass ein Vietnamese mühelos eine stilisierte Ein-Säulen-Pagode mit dem Bau assoziieren kann. Die traditionelle vietnamesische Ornamentik, die in die Fassade gestanzt ist, unterstützt den Nationalcharakter.

So ist in einem Entwurf, dessen Grundlage eine funktionale Anforderung war, im Dialog mit dem Ort und seinen (architektur)historischen Kontexten eine Form gefunden worden, die ihrer Aufgabe wie ihrem Ort gerecht wird. Denn Hanoi hat im Laufe seiner Geschichte vermeintlich unvereinbare Architekturen zu einer neuen, eigenen Architektur synthetisiert. Insofern kann man in dem Museum auch eine politische Botschaft erkennen: Vietnam hat in den letzten Jahrzehnten eine rasante, sich zur Welt hin öffnende gesellschaftliche Entwicklung zum Besseren hinter – und vor sich. Was immer die Gedanken der Besucher am Tag der Eröffnung gewesen sein mögen: Die Tatsache, dass 15.000 von ihnen das Museum bei seiner Einweihung geradezu gestürmt haben, zeigt, dass sie sich mit ihm identifizieren, dass es als Wahrzeichen für Hanoi funktioniert.

The result is that a Vietnamese can effortlessly associate a stylized One Pillar Pagoda with the building. The traditional Vietnamese ornamentation that is stamped into the façade underlines its national character.

Therefore, a form was found in a design that had originally been a functional requirement; the form emerged from a dialogue with the place and its (architectural) historical contexts, and it does justice to its task and its location. In the course of its history, Hanoi has synthesized seemingly incompatible architectures to create a new architecture of its own. In this respect, a political message can also be seen in the museum: over recent decades Vietnam has undergone a rapid social development for the better, opening up to the world—and there is more to come. Whatever the visitors' thoughts may have been on the opening day: the fact that 15,000 of them practically stormed the museum at its inauguration shows that they identify with it, that it stands as a landmark for Hanoi.

Meinhard von Gerkan (r.) und Nikolaus Goetze betrachten den Baufortschritt am Hanoi Museum.
Meinhard von Gerkan (right) and Nikolaus Goetze watching the progress at Hanoi Museum.

Schweben in Ausstellungs-landschaften

Nikolaus Goetze

Mit dem Entwurf des Hanoi Museums ist es gelungen, tradierte vietnamesische Symbole so aufzugreifen, dass ein hoch modernes Museum entstanden ist, das von der Bevölkerung als in der eigenen Tradition stehend anerkannt und sogar als Meilenstein innerhalb der eigenen Kultur angesehen wird.

Das Museum ist gewissermaßen ein Museumspark. Das Gelände befindet sich in einem weitläufigen Landschaftspark mit einem von Lichtungen und Seen durchbrochenen Wald. Der eigentliche Museumsbau ist als Solitär umgeben von Wasser, das in kleinen Treppenkaskaden zum Park hin fließt. Der terrassenartige Bau spiegelt sich im Wasser des innersten Beckens. Die umgebende Parklandschaft bietet umfangreiche Flächen für Außenexponate. So entsteht eine ganz eigene Museumslandschaft in unmittelbarer Nachbarschaft des Nationalen Kongresszentrums, das ebenfalls von unserem Büro realisiert worden ist.

Über dem quadratisch angelegten Erdgeschoss befinden sich drei weitere Ebenen. Jede einzelne kragt über die darunterliegende aus, was den Bau zu einer umgedrehten Pyramide werden lässt. Diese Anordnung ist Kern des ästhetischen Konzepts des Museums und sorgt zugleich für Verschattung der einzelnen Ebenen durch die jeweils darüberliegende. Im schwülen Klima Hanois ist der Schutz vor der Sonne dringend zu bedenken gewesen. Die Eigenverschattung trägt zu einem effizienten Energiekonzept bei und schützt zugleich die Exponate. Außerdem nimmt die Form Bezug auf die Einsäulen- oder auch Einpfahlpagode. 1049 gebaut, ist dieser auf einem Baumstamm in einem See errichtete Tempel heute ein, wenn nicht das Wahrzeichen der Stadt. Dieser Versuch prägt die Grundkonzeption des Projekts: Ein Museum zu bauen, das selbstbewusst modern ist und sich zugleich klar in die lokalen Traditionen einfügt, sie nicht nur respektiert, sondern aufgreift und integriert. Sowohl Einsäulenpagode als auch das Hanoi Museum verbinden Kreis und Quadrat, ein klassisches Element des Feng-Shui und damit der asiatischen Architektur.

Der quadratische Grundriss des Museums bildet mit einem kreisförmigen Luftraum im Foyer eine Synthese. Eine spiralförmige Rampe verbindet die Eingangsebene mit den drei oberen Ausstellungsgeschossen. Besonders in Szene gesetzt wird das Foyer durch indirekten Lichteinfall mit Hilfe von windmühlenflügelartig angeordneten Oberlichtern im Obergeschoss.

Die Rampe und die Anordnung der zentralen abgerundeten Wandscheiben ermöglichen Blickbezüge zum Foyer und zu den Ausstellungsflächen. Die Ebenen eins bis drei dienen ausschließlich als Ausstellungsflächen, während sich in den Eckbereichen des vierten und obersten Geschosses Forschungs- und Büroräume sowie die Bibliothek befinden.

In den zentralen Mittelachsen der Ausstellungsgeschosse bieten verglaste Fassadenbereiche dem Besucher Ausblicke in die Umgebung. Die terrassenförmige Anordnung vermittelt dem Besucher beim Blick hinaus den Eindruck, über der Landschaft zu schweben, die sich mit ihren Exponaten unter das Gebäude zu schieben scheint. So wird eine weitere Verbindung zur umgebenden Natur hergestellt. Schon im Erdgeschoss des Museums ziehen sich die Wasserkaskaden bis ins Gebäude. Der Sockel ist mit Rasenstreifen begrünt und bildet einen Übergang von außen nach innen. Vom Park her hat das Museum aus allen Richtungen Zugänge. So unterbricht der Bau den Weg des Besuchers nicht, sondern schafft Übergänge. Diese Einbindung der Natur ist ebenfalls ein Motiv aus der Lehre des Feng-Shui. Sie stellt das Museum in lokale Bautraditionen und verleiht ihm zusätzliche Aufenthaltsqualität.

Da während der Planung des Museums das zukünftige Ausstellungskonzept noch nicht konkret geplant war, war es notwendig, die Innenraumgestaltung der Ausstellungsflächen so flexibel wie möglich zu halten, um verschiedene Präsentationsformen in der Zukunft zu ermöglichen. Die Folge ist eine homogene Gestaltung der Ausstellungsbereiche mit reduzierter Material- und Farbwahl, die hohe Variabilität erlaubt. Die Wandscheiben der Rotunde sind wie die Kernwände in Weiß gehalten und können in den oberen Geschossen je nach Ausstellungskonzept durch temporäre Leichtbauwände ergänzt werden.

→ Fortsetzung Seite 20

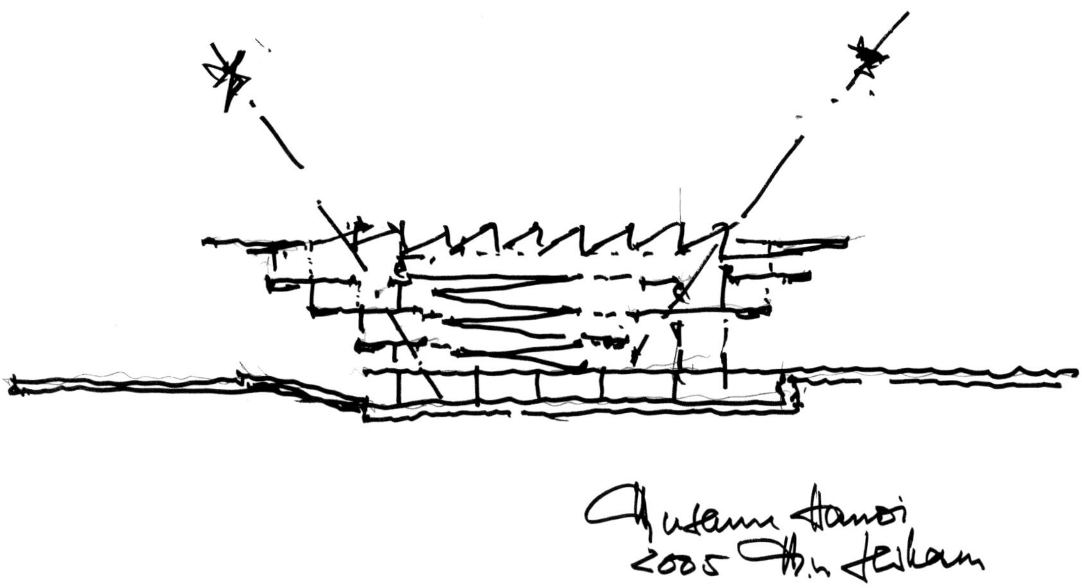

Skizze
Sketch

Modell: Das Museum ist in eine Parklandschaft integriert.
Model: the museum is situated in an extensive landscape park.

Floating in Exhibition Landscapes

Nikolaus Goetze

The design of the Hanoi Museum successfully captures traditional Vietnamese symbols and creates a highly modern museum with them. Hanoi's citizens recognize the museum as a milestone landmark that continues their cultural traditions.

In a sense, the museum is a museum park. The grounds are an extensive woodland landscape park punctuated by clearings and lakes. The actual museum building is a solitary structure surrounded by water, which flows towards the park in small cascading stairs. The terraced building is reflected in the water of the innermost basin. The surrounding park landscape offers extensive areas for outdoor exhibits. A unique museum landscape has thus emerged in the immediate vicinity of the National Convention Center, which was also executed by our architects' office.

Above the square-shaped ground floor are three more levels. Each one protrudes above the one below it, making the building an inverted pyramid. This configuration is the core of the aesthetic concept of the museum and at the same time ensures each level is shaded by the one above it. Given Hanoi's humid climate, protection from the sun was an essential consideration. The self-shading effect contributes to an efficient energy concept while protecting the exhibits. In addition, the shape alludes to the One Pillar Pagoda. Built in 1049, this temple, which stands on a tree trunk in a lake, is now one of the city's most famous landmarks, if not the most famous of all.

It is this approach that characterizes the basic concept of the project: to build a museum that is self-assuredly modern and at the same time clearly fits in with local traditions, not only by respecting them, but embracing and integrating them. Both the One Pillar Pagoda and the Hanoi Museum combine the circle and the square, a classic element of feng shui and hence also a classic element of Asian architecture.

The museum's structure creates this synthesis by connecting a square ground plan to a circular atrium foyer. A spiral-shaped ramp links the entrance level to the three upper exhibitions levels. The foyer is shown to particular advantage with indirect lighting from skylights arranged like windmill sails in the roof.

The ramp and the layout of the central, rounded shear walls offer views of the foyer and the exhibition areas. Levels one to three are used solely for exhibition purposes, while the corner areas of the fourth and top floor contain research rooms, offices, and the library.

In the central axes of the exhibition levels, glazed façades provide visitors with views of the surrounding area. The terraced structure creates the impression of floating above a landscape that appears to slide under the building with its exhibits.

This creates a further link to the natural surroundings. On the ground floor, the water cascades extend into the building. The plinth is greened with strips of lawn and creates a transition from the outside to the inside. The museum can be accessed from the park in all directions. In this way, the building does not block the visitor's path, but creates transitions. This integration of nature is also a motif from the teachings of feng shui and places the museum in local building traditions, thereby lending it additional authenticity.

As the future exhibition concept had not yet been finalized during the planning of the museum, it was necessary to keep the interior room design of the exhibition areas as flexible as possible to facilitate different forms of presentation for the future. The result is a homogeneous design of the exhibition areas with a reduced selection of materials and colors, which allows for high variability. Like the core walls, the shear walls of the rotunda are white and can be supplemented with temporary lightweight walls on the upper floors, depending on the exhibition concept.

The interior lighting is also flexible. For the suspended ceilings a square metal ceiling module was developed, which houses the air intake and electricity rails for the variable array of spotlights illuminating the exhibits. Ceiling light panels emphasize the ceiling's central axes.

The façade of the museum consists of two layers and also alludes to local culture by incorporating classic elements of Vietnamese calligraphy in the outer panels' ornamentation. The inner glass façade offers varying degrees of translucence, allowing the exhibits to be presented in different lighting variants.

→ Continued on page 20

Auch die Beleuchtung im Inneren ist flexibel. Für die abgehängten Decken wurde ein quadratisches Metalldecken-Modul entwickelt, in dem neben den Zuluft- auch Stromschienen für die variable Anordnung der Strahler zur Ausleuchtung der Exponate untergebracht sind. Die Mittelachsen der Decken werden durch Lichtdeckenfelder betont.

Die Fassade des Museums besteht aus zwei Schichten und steht ebenfalls in Bezug zur lokalen Kultur, indem die äußeren Paneele klassische Elemente vietnamesischer Kalligrafie in ihrer Ornamentik aufnehmen. Die innere Glasfassade bietet unterschiedliche Transluzenzen und ermöglicht es, Ausstellungsobjekte unterschiedlich beleuchtet in Szene zu setzen.

Anthracite-gray granite was chosen as the flooring material for both inside and outside. However, the surface finish of the material varies: honed granite was used for the interior, while a flamed finish was chosen for the outdoor area. While the use of the same material connects the areas, the different look and feel of the two surface variants provide for an aesthetic change when moving from the outside to the inside.

"The traditional meets the modern" has been extended here to include "nature meets architecture" and "east meets west." With the Hanoi Museum we succeeded in synthesizing these opposites.

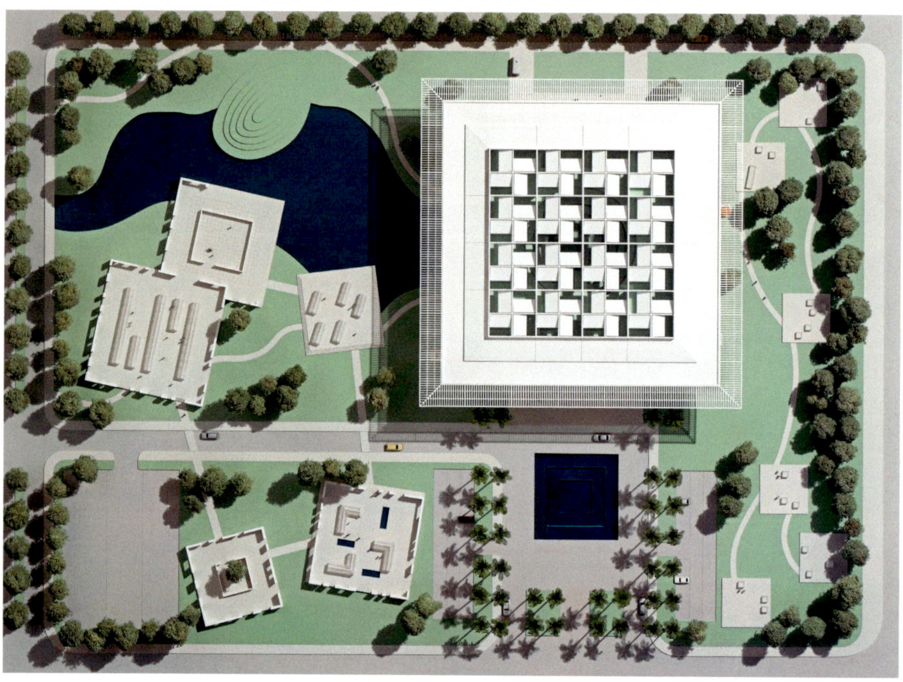

Für den Bodenbelag wurde sowohl innen als auch im Außenraum ein anthrazit-grauer Granit gewählt. Allerdings variiert die Oberflächenbehandlung des Belags. Im Inneren wurde matt geschliffener Granit verwendet, während im Außenbereich geflammter zum Einsatz gekommen ist. Die Verwendung des gleichen Materials verbindet einerseits das Areal, andererseits sorgt die unterschiedliche Anmutung der beiden Oberflächenvariationen für einen auch ästhetischen Wechsel beim Übergang von Außen nach Innen.

„Tradition trifft Moderne" ist hier erweitert worden um „Natur trifft Architektur" und „Ost trifft West". Beim Hanoi Museum ist es uns gelungen, aus diesen Gegensätzen eine Synthese zu schaffen.

↑ Modell: Im Inneren des quadratischen Gebäudes verbindet ein zentrales kreisförmiges Atrium die Eingangsebene mit den drei oberen Ausstellungsebenen.
Model: inside the square building, a spiral-shaped ramp links the entrance level to the three upper exhibitions levels.

Eine Pyramide steht kopf
Die Tragwerksplanung des Hanoi Museums

Karin Dretzke und Haiko Mennenga

Bauwerksstruktur und Tragwerkskonzept

Das Hanoi Museum ist eine auf den Kopf gestellte Pyramide. Das Dach hat eine Grundfläche von 109,2 m × 109,2 m, das Achsraster wurde gleichmäßig und quadratisch mit 8,4 m × 8,4 m festgelegt. Das vierte und oberste Geschoss ist unter dem Vordach allseitig um 8,4 m nach innen versetzt, hat daher eine Grundfläche von 92,4 m × 92,4 m. Nach unten hin sind die weiteren Geschosse ebenfalls jeweils um 8,4 m nach innen versetzt, sodass das Erdgeschoss lediglich noch eine Fläche von 42,0 m × 42,0 m aufweist. Die Decken der Obergeschosse sind Verbunddecken im Abstand von 6,0 m und werden am Dachtragwerk im Gebäuderaster mit Hilfe von Zugankern abgehangen. Das Dachtragwerk bildet daher das anspruchsvollste Bauteil des gesamten Bauwerkes. In den vier Gebäudeecken des Erdgeschosses befinden sich quadratische Treppenhauskerne.

Lastannahmen und Bemessungsgrundlagen

Die Bemessung im Stahl-, Massiv- und Grundbau erfolgte auf Grundlage der zum Zeitpunkt der Planung aktuellen nationalen deutschen Normen (DIN 1045, DIN 1054 und DIN 18800).

Im Fall der Windlasten basieren die Lastannahmen auf vietnamesischen Vorschriften. Aufgrund der Gebäudeform wurde für die Windlasten durch das Büro Wacker Ingenieure, Birkenfeld, ein gesondertes Gutachten erstellt, um durch Wind induzierte Schwingungen der Decken in den überhängenden Gebäudeecken auszuschließen.

Ausführungsdetails

→ Baustoffe

Die Bereitstellung von Baustoffen mit hohen Festigkeiten ist in Vietnam nur mit erhöhtem finanziellem Aufwand möglich. So wurde Beton der Festigkeitsklasse C25/30, in Ausnahmefällen C30/37 (Stützen bzw. Unterzüge), verwendet. Als Betonstahl kam BSt420 bzw. in Ausnahmefällen BSt500 zum Einsatz. Für die Stahlkonstruktionen wurden Stahl S235 und Stahl S355 sowie deutsche Stahlprofile verwendet.

→ Gründung

Der Baugrund ist so beschaffen, dass die tragfähigen Baugrundschichten erst ab ca. 45,0 m unter Gelände anstehen. Zur Lastabtragung wurden Bohrpfähle mit einem Durchmesser von 800 bzw. 1200 mm eingesetzt, welche ausreichend in den tragfähigen Boden einbinden.

Die Gebäudelasten werden vorrangig über die vier Kerne abgetragen. Hier wurde eine Gründungsplatte mit einer Dicke von 2,0 m eingesetzt, mit einem entsprechenden Pfahlrost der Bohrpfähle mit einem Durchmesser von 1200 mm.

Alle anderen Gebäudeteile wurden auf einem Stahlbetonbalkenrost gegründet, unter dem die Bohrpfähle mit einem Durchmesser von 800 mm die Lasten in den Baugrund abtragen.

→ Statisches System und Stabilität

Die Aussteifung des Gebäudes gegen Wind- und Erdbebenlasten erfolgt über die vier symmetrisch angeordneten Treppenhauskerne mit den Achsmaßen 8,4 m × 8,4 m.

Sie übernehmen die Ableitung sämtlicher vertikaler Lasten des Daches und aller Geschossdecken. Die horizontale Stabilisierung erfolgt geschossweise über den Anschluss der Deckenscheiben an die Treppenhauskerne sowie an der Betonwand des Atriums im Zentrum des Gebäudes.

Die Achsen des Trägerrostes zwischen den vier Treppenhauskernen im Dach sind in Stahlbeton ausgeführt, alle weiter außen angeordneten Achsen in Stahl.

Die Höhe des Betonträgerrostes beträgt 5,0 m mit einer Breite der Stahlbetonstege von 0,6 m, welche direkt in die Wände des Treppenhauses biegesteif einbinden. Für die äußeren Achsen aus Stahl verringert sich die Höhe bis auf ca. 2 m. Die Stabilität wurde durch diese Maßnahme wesentlich erhöht, das Arbeitsvermögen im Falle von Erdbebenschwingungen erheblich verbessert.

→ Dachkonstruktion

Zu Beginn war ein Stahlfachwerk für die gesamte Dachkonstruktion angedacht. Allerdings erwiesen sich die Knoten in den orthogonalen Kreuzungspunkten als problematisch. Daher wurden die inneren Achsen mit den höchsten Querkräften in eine Betonkonstruktion geändert. Beton eignet sich sehr gut für die Übertragung der Querkräfte und ermöglicht durch

The Inverted Pyramid
The Supporting Framework Design of the Hanoi Museum

Karin Dretzke and Haiko Mennenga

Building Structure and Supporting Framework Concept

The Hanoi Museum is an inverted pyramid. The roof has a footprint of 109.2 meters × 109.2 meters, with the planning grid determined evenly and squarely at 8.4 meters × 8.4 meters. The fourth and top story is inset by 8.4 meters on all sides under the projecting roof and therefore has a footprint of 92.4 meters × 92.4 meters. The lower stories are also each inset by 8.4 meters, so that the ground floor has a footprint of only 42 meters × 42 meters. The ceilings of the upper stories are composite floors at intervals of 6 meters and are suspended from the roof by means of tension rods. The roof construction therefore forms the most sophisticated component of the entire structure. Square staircase cores are located in the four corners of the ground floor.

Load Assumptions and Assessment Bases

The assessments for steel, solid, and foundation engineering were made on the basis of the German standards (DIN 1045, DIN 1054, and DIN 18800) valid at the time of planning.

In the case of wind loads the load assumptions are based on Vietnamese regulations. Because of the building's shape, a separate expert assessment was performed for the wind loads by Büro Wacker Ingenieure, Birkenfeld, to rule out wind-induced vibrations of the ceilings in the overhanging corners of the buildings.

Execution details

→ Building materials

In Vietnam, the provision of high-strength building materials is possible only with increased financial effort. For example, concrete with the strength class C25/30, in exceptional cases C30/37 (supports, girders), was used. The rebar used was BSt420 or in exceptional cases BSt500. For the steel construction, S235 steel and S355 steel, as well as German steel sections were used.

→ Footing

The foundation ground is such that the load-bearing ground layers do not occur until a depth of approximately 45 meters below the surface. To transfer the load, auger piles with a diameter of 800 and 1200 millimeters were employed, which are embedded sufficiently in the load-bearing floor.

The building loads are transferred primarily via the four cores. Here a 2-meter-thick foundation slab was used with a corresponding grillage of auger piles with a diameter of 1200 millimeters.

All other building parts were founded on a reinforced concrete grillage under which the auger piles with a diameter of 800 mm transfer the loads into the foundation ground.

→ Static system and stability

The building is braced against wind and earthquake loads via four symmetrically aligned staircase cores with the axial dimensions 8.4 meters × 8.4 meters.

These divert all the vertical loads of the roof and the ceilings of all the stories. Horizontal stabilization takes place on each level through the connection of the ceiling slabs to the stairway cores and the concrete wall of the atrium in the center of the building.

The axes of the girder grille between the four staircase cores in the roof are made of reinforced concrete; all other outer axes are made of steel.

The concrete girder grille is 5 meters high; the reinforced concrete webs are 0.6 meters wide and embedded directly into the walls of the staircase with flexural rigidity. For the outer axes made of steel the height is reduced to approximately 2 meters. This considerably increases stability and significantly improves the energy of deformation in the event of seismic vibrations.

→ Roof construction

Initially, a steel framework was envisaged for the entire roof construction. However, the nodes at the orthogonal intersections proved to be problematic. For this reason, the inner axes with the highest shear forces were changed to a concrete construction. Concrete is highly suitable for the transfer of shear forces and at the same time facilitates a better load transfer with corresponding reinforcement. In addition, the use of concrete is in keeping with local construction and also reduces costs. The two outer peripheral axes and the projecting roof remained as steel frameworks.

eine entsprechende Bewehrungsführung zugleich eine bessere Lastübertragung. Die Verwendung von Beton kommt zudem der lokal typischen Bauweise entgegen und bedeutet eine Kostenreduzierung. Als Stahlfachwerk verblieben die äußeren beiden umlaufenden Achsen und das Vordach.

→ Hängesysteme für die Decken
Für die Hänger wurde kein übliches Zugstangensystem gewählt, sondern sie sind aus der Länge nach verschweißten Einzelblechen zusammengesetzt. Die Befestigung der Hänger unter dem Dach ist von der Bauweise des Trägerrostes des Daches an der jeweiligen Stelle abhängig. Bei Stahlträgern im Dach wurden Schraublösungen gefunden, bei Betonscheiben im Dach wurden Einbauteile zum Anschweißen von Anschlussblechen vorgesehen.

→ Deckensysteme
Für das System der Stahlträger mit aufliegender Betondecke wurde ein Verbundträger gewählt, wodurch der Stahlquerschnitt reduziert und eine sichere Verdübelung im Lastfall Erdbeben erzielt wurde.

Die Decken bestehen aus 9 cm dicken vorgespannten Halbfertigteilen (1,20 m × 4.20 m) mit Schubbügeln, die auf den im Raster 8,40 m abgehängten Stahlträgern 2 U 400 in Längsrichtung und den im Raster 4,20 m angeordneten Zwischenträgern HE-A340 in Querrichtung aufgelagert werden und nach dem Verlegen eine 7 cm dicke monolithische Druckbetonschicht erhalten haben.

→ Suspension systems for the ceilings
A conventional tension rod system was not selected for the hangers; instead, they are composed of longitudinally welded individual sheets. The attachment of the hangers under the roof is dependent on the construction of the girder grille of the roof at any given point. For steel girders in the roof, screw solutions were found, and for concrete slabs in the roof, mounting parts were used to weld on joint plates.

→ Ceiling systems
A composite girder was chosen for the steel girder system with an overlying concrete ceiling, thereby reducing the steel profile and providing more secure anchoring in the event of seismic loads.

The ceilings consist of 9-centimeter-thick, prestressed, half-finished parts (1.2 meters × 4.2 meters) with push bars that rest lengthways on the 2 U 400 steel girders in the 8.4-meter grid and laterally on the HE-A340 intermediate girders arranged in the 4.2-meter grid and which, following installation, have received a 7-centimeter-thick monolithic layer of compressed concrete.

Stolzer Solitär im Park - das Hanoi Museum

Eine Architekturkritik von Falk Jaeger

In der Hauptstadt eines Landes, das sich politisch und wirtschaftlich in einem vehementen Aufbruch befindet, ein Stadtmuseum zu bauen, ist für alle Beteiligten eine Herausforderung. Welche politische und gesellschaftliche Bedeutung soll das Museum für das Gemeinwesen haben? Welche gesellschaftliche Aufgabe hat das Museum? Wie soll es sich architektonisch und städtebaulich zeigen? Wie werden Exponate im Museum präsentiert? Sollen sie sich im abstrakten, neutralen Raum behaupten? Oder in authentisches Ambiente inszenierenden Dioramen? Oder integriert im Rahmen einer didaktischen Ausstellungsinstallation? Dies sind die grundlegenden Fragen, die sich Träger und Betreiber eines Museums zunächst stellen müssen und deren Antworten in das Pflichtenheft für die Architekten eingehen müssen.

Mehr noch als viele heute gebaute Ausstellungshäuser lässt sich das Museum in Hanoi gut in einen geschichtlichen Abriss des Bautypus Museum einordnen. Denn dass ein Museum als Bauwerk beeindrucken sollte, war

1

am Anfang der Geschichte des Bautypus Ende des 18. Jahrhunderts keine Frage, gehörten doch die Bauherren der ersten Museumsbauten dem Fürstenstand an. Doch diese Grundhaltung änderte sich auch nicht mit dem Aufkommen des bürgerlichen Museums ab 1848. Das Museum wurde als eine nationalstaatliche Institution gesehen, weniger zur Unterhaltung und Erbauung bestimmt, als vielmehr in weihevoller Absicht der Belehrung und dem Studium gewidmet. Nicht zufällig deshalb die Tempelform der Glyptothek Leo von Klenzes in München[1] (1816-30) oder des Alten Museums von Karl Friedrich Schinkel in Berlin[2] (1825-30). Schon das bereits 1779 von Simon Louis du Ry errichtete Fridericianum in Kassel empfängt mit einem eindrucksvollen Tempelportikus, repetiert aber im Übrigen den Typus des feudalen Schlosses.

Mit dem antiken Formenrepertoire wird auf das klassische Bildungsideal Bezug genommen. Gleichzeitig jedoch wird eine feierliche, sakral anmutende Erhöhung angestrebt. Der „Bildungstempel" als hehre Bildungsinstitution ist ein Topos, der mit seinem elitären Anspruch jahrhundertelang dem Umgang mit der „Hochkultur" entsprochen hat. Deren Dominanz und Allgemeingültigkeit wird erst seit etwa zwei Generationen infrage gestellt. Seitdem auch von Alltagskultur, Popkultur und dergleichen die Rede ist, gibt es Museen, die sich trivialeren Inhalten widmen - von Disney bis Beate Uhse, vom Graffito bis zum Lollipop -, die bewusst Schwellenängste vermeiden wollen, auf einschüchternde Würdeformen verzichten und eher unterhaltenden Charakter haben.

Seitdem sieht sich aber auch das traditionelle Museum einem Veränderungsdruck ausgesetzt. Die Sehgewohnheiten und Bedürfnisse des Publikums haben sich gewandelt. Bildung wird spielerisch erworben, das Publikum will auch bei der Belehrung unterhalten sein. Das Museum kann sich dem Trend zum Event nicht entziehen, will es aktuell und attraktiv bleiben. Die Architektur hat verschiedene Möglichkeiten, darauf zu reagieren. Sie kann die neutrale Hülle liefern, in der alles möglich scheint, wie es das Centre Pompidou in Paris von Renzo Piano und Richard Rogers[3] leisten sollte - außen eine gewöhnliche Maschine, die mit demonstrativem Aufwand im Inneren neutrale „White Cubes" produziert. Sie kann dem Spektakel in Beton, Stahl, Glas und Holz die spezifische Hülle schneidern, wie etwa Shigeru Bans neues Pompidou in Metz[4] (2010). Oder sie kann selbst zum Event werden, das sich vom Inhalt und der Aufgabe, diesen zu präsentieren, weit entfernt, wie das Extrembeispiel des Guggenheim-Museums in Bilbao von Frank O. Gehry[5] zeigt, das seine eigentliche Funktion als Kunstmuseum nicht optimal ausfüllt, aber natürlich Bilbao auf die Landkarte der Bildungsbürger und in die Kataloge der Reiseveranstalter schrieb.

Historische Museen waren zunächst - wenn nicht wie die Uffizien in Florenz[6] oder das Grüne Gewölbe im Dresdner Schloss in bestehenden Gebäuden untergebracht - als stadtgestalterische Bausteine und Höhepunkte

A Proud Beacon in the Park–the Hanoi Museum

An Architectural Criticism by Falk Jaeger

Building a municipal museum in the capital city of a country experiencing intense political and economic upheaval is a challenge for all involved. What is the political and social significance of the museum for the community? What is the social purpose of the museum? How should it present itself in terms of architecture and urban development? How are exhibits to be displayed in the museum? Should they hold their own in an abstract, neutral space? Or in dioramas depicting authentic ambiences? Or integrated as part of a didactic exhibition installation? These are the fundamental questions that the sponsors and operators of a museum must first ask themselves, the answers to which must be included in the specifications for the architects.

2

Even more than many of the exhibition venues built today, the museum in Hanoi fits well into the historical outline of a typical museum building. In the eighteenth century, when the history of museum buliding begins, it was taken for granted that a museum should be an impressive structure. The building contractors of the first museums were, after all, members of the ruling classes. This basic approach still did not change with the emergence of the bourgeois museum from 1848 onwards. The museum was seen as a state institution and was intended less for entertainment and edification than as a place solemnly devoted to indoctrination and study. The temple form of Leo von Klenze's Glyptothek in Munich[1] (1816–30) or the Altes Museum of Karl Friedrich Schinkel in Berlin[2] (1825–30) was therefore not coincidental. The Fridericianum in Kassel, which was built in 1779 by Simon Louis du Ry, receives visitors with an imposing temple portico, but otherwise mimics the feudal castle.

The antique formal repertoire makes reference to the classical education ideal. At the same time, however, it aspires to a solemn, seemingly sacred aggrandizement. The "education temple" as an exalted education institution is a theme consistent with the centuries-old approach to high culture that embodies elite aspirations. Its dominance and universal validity have only been questioned for at least the last two generations. Ever since intellectual discussion sprung up around everyday culture, pop culture, and the like, museums have emerged that are devoted to more so-called trivial content–from Disney to Beate Uhse, from graffiti to the lollipop–and that consciously seek to allay people's fear of the unknown, dispense with intimidating forms of grandeur, and have a more entertaining character.

Since then, however, the traditional museum has also found itself subject to the pressure of change. The viewing habits and needs of the public have altered. Education is acquired lightly, and the public wants to be entertained during its edification. If a museum wishes to remain topical and attractive, it cannot avoid the trend of becoming an event. Architecture can react to this in various ways. It can supply the neutral shell in which everything appears possible, as

3

the Centre Pompidou in Paris by Renzo Piano and Richard Rogers[3] was intended to do: from the outside, it looks like an ordinary machine, but inside it produces neutral white cubes with demonstrative effort.

konzipiert. Die Eremitage in Sankt Petersburg, das naturhistorische Museum in Wien[7], das Victoria and Albert Museum in London und viele Neugründungen bürgerlicher Museen im 19. Jahrhundert wie die Hamburger Kunsthalle nehmen städtebaulich eine ähnliche

4

Stellung ein wie früher die feudalen Schlösser, ja repetieren oftmals deren architektonische Haltung. Viele sind wie Barockschlösser in einer Parkanlage situiert und bilden mit dieser eine gestalterische Einheit.

In dieser Tradition des Solitärs im Park steht auch das Hanoi Museum. Vom Bautypus her mit vier identischen Seiten angelegt, werden die Eingangssituationen hauptsächlich durch die Freiflächengestaltung definiert. Während das benachbarte, 2004-2006 entstandene Nationale Kongresszentrum, gleichfalls ein Bau der Architekten von Gerkan, Marg und Partner, schon vom Baukörper her eine eindeutige Hauptrichtung hat und mit dieser nach Südosten orientiert ist, ist die Hauptachse des Museums durch die Freiflächendisposition gegeben, die die Hauptrichtung nach Nordosten, zur vielspurigen Durchgangsstraße Đuòng Phạm Hùng hin gibt. Wie bei einem Barockschloss liegt ein Parterre vor dem Gebäude, hebt es auf einen Sockel, von wo es sich in einem Wasserbecken spiegelt.

Auch die Typologie des Hanoi Museums ist von traditionellen europäischen Vorbildern nicht unbeeinflusst. Prinzipiell werden periphere Ausstellungsräume von einem mittig angelegten, runden Lichthof aus erschlossen. Bei der zentralen, gebäudehohen Rotunde denkt man zuerst an die Klassizisten Jean-Nicolas-Louis Durand und Karl Friedrich Schinkel, vielleicht auch noch an James Stirling. Der französische Architekturtheoretiker Durand, der Begründer der rationalistischen Entwurfsmethodik, hatte 1805 in seiner Vorlesungsveröffentlichung „Précis des leçons d'architecture" unter anderen Grundrissvariationen das Museum mit quadratischer Grundanordnung und zentraler Rotunde vorgeführt.[8]

Es war dann Karl Friedrich Schinkel, der 1822-23 einen solchen Museumsbau mit zentraler Kuppelhalle plante und 1825-28 auf der Berliner Museumsinsel realisieren konnte.[9] Die Rotunde erinnert in ihrer Ausgestaltung und mit der kassettierten Kuppel absichtsvoll an das römische Pantheon. Vielleicht am Rand erwähnenswert: James Stirling nahm wiederum 1984 Schinkels Altes Museum zum Vorbild für seinen Erweiterungsbau der Stuttgarter Staatsgalerie. Er kehrte freilich in postmodern-ironischer Weise das Prinzip um und machte die zentrale Rotunde zum offenen Atriumhof mit einer öffentlichen Durchwegung.[10] Der Weg überwindet den Höhensprung des Baugeländes mittels einer aufsteigenden Rampe am Innenrand der Rotunde - ein Motiv, das der Erschließungsrampe im Hanoi Museum ähnelt.

Lässt der Grundriss des Hanoi Museums an das alte Europa denken, so sprechen die für die Erscheinung des Gebäudes weitaus wirksameren Ansichten eine andere Sprache. Eine auf den Kopf gestellte Stufenpyramide tritt vor Augen, mit einer erstaunlichen Auskragung von 25 Metern in alle vier Richtungen. Die Verschattung der Geschosse durch das jeweils darüber liegende aus klimatischen und konservatorischen Gründen ist eine rationale Erklärung für die Großform. Eine emotionale mag sein, dass auf diese Weise ein Gebäude von ungeheurer Signifikanz entstanden ist, das Wahrzeichencharakter haben sollte.

5

It can serve as a specific shell for the spectacle in concrete, steel, glass, and wood, like Shigeru Ban's new Pompidou in Metz[4] (2010), for example. Or it can become an event in itself which departs completely from the content and the task of presenting it, as shown by the extreme example of Frank O. Gehry's Guggenheim Museum in Bilbao[5], which, although it does not optimally fulfill its actual function as an art museum, put Bilbao on the map of the educated classes and in the catalogs of the tour operators.

To begin with, historical museums–if not housed in existing buildings such as the Uffizi in Florence[6] or the Green Vault in Dresden Castle–were conceived as elements and high points of urban design. The Hermitage in Saint Petersburg, the Natural History Museum in Vienna[7›], the Victoria and Albert Museum in London, and many newly founded bourgeois museums in the nineteenth century, such as the Kunsthalle in Hamburg, occupy a similar position in terms of urban planning as did formerly feudal castles, frequently even repeating their architectural approach. Many are situated like baroque castles in a park, and form an artistic entity with their surroundings.

6

The Hanoi Museum also stands in this tradition of a solitary edifice in a park. Arranged as a building type with four identical sides, the entrances are defined primarily by the design of open spaces. Whereas the neighboring National Convention Center, dating from 2004–2006 and also designed by the architects von Gerkan, Marg and Partners, has a clear main direction determined by the building's structure being oriented to the south-east, the main axis of the museum is defined by the open space layout, that delineates the main direction as north-east towards the multi-lane thoroughfare Đuòng Phạm Hùng. As with a baroque castle, a parterre in front of the building lifts it onto a plinth, where the museum stands reflected in the water basin.

The typology of the Hanoi Museum is also influenced by traditional European models. Basically, peripheral exhibition rooms are reached from a centrally located, round atrium. The central, ceiling-high rotunda initially puts one in mind of the classicists Jean-Nicolas-Louis Durand and Karl Friedrich Schinkel, and perhaps also of James Stirling. In his lecture publication "Précis des leçons d'architecture" in 1805, the French architectural theorist and founder of the rationalistic design method, Durand, had presented, among other things, layout variations for a museum with a square basic layout and a central rotunda.[8›]

It was then Karl Friedrich Schinkel who planned such a museum building with a central domed hall in 1822-23 and brought it to realization on the Berlin Museum Island in 1825-28.[9»] In its configuration and with the coffered dome, the rotunda is deliberately reminiscent of the Pantheon in Rome. It is perhaps worth mentioning in passing that James Stirling took Schinkel's Altes Museum as the model for his extension of the Stuttgart State Gallery in 1984. With post-modern irony, he did admittedly reverse the principle, making the central rotunda an open atrium court with a public thoroughfare.[10»] The site's path negotiates the height difference with a rising ramp on the inner edge of the rotunda – a motif similar to the access ramp in the Hanoi Museum.

While the ground plan of the Hanoi Museum is evocative of old Europe, the elevations, which have a much greater impact on the appearance of the building, speak a different language. What presents itself is an upside-down step pyramid with an astounding overhang of 25 meters in all four directions. The shading of each story by the level above it for climatic and conservational reasons gives a rational explanation for the large format. A further emotional explanation could be that the building's creators intended for it to be immensely significant and used this structure to denote its status as a landmark. The Hanoi Museum is elegant and delicate in appearance. The stories seem to hover above each other as if repelled by

Das Hanoi Museum ist eine elegante, feinnervige Erscheinung. Die Geschosse scheinen wie durch gleiche magnetische Polung abgestoßen aufeinander zu schweben, die Geschossdecken sind papierdünn, die Pfostenprofile mehr feine Gliederung als tragende Bauteile, das gegen die Sonne schützende Lamellendach leicht und filigran. Ein Metallgitter mit einem Muster aus vielfach ineinander verschränkten Quadraten schützt die Fensterflächen tagsüber vor grellem Licht. Nachts leuchtet das Museum durch die Gitterschleier verheißungsvoll.

Keine Frage, dass mit dem Entwurf der „umgedrehten Pyramide" besonders die Ingenieure gefordert waren. Die ungewöhnlichen Auskragungen waren zu meistern, aber auch hohe Windlasten, vor allem an den exponierten Ecken. Tragfähigen Untergrund gab es erst in 45 Meter Tiefe, sodass das Gebäude auf Bohrpfählen gegründet werden musste.

7

Zur Aussteifung des Gebäudes wurden vier massive Treppenhaus- und Aufzugkerne rings um die Rotunde errichtet, an denen die Geschossdecken horizontale Windlasten ableiten können. Die Treppentürme übernehmen auch die Vertikallasten des Dachtragwerks, an dem wiederum die Geschossdecken mittels Hängesäulen aufgehängt sind. Das Dachtragwerk ist zum Großteil als Trägerrost aus fünf Meter hohen und einen Meter starken Trägern ausgeführt. Nur im Zentrum und in den Randbereichen besteht es aus Stahl. Der Betonträgerrost wurde monolithisch mit den Treppenhauskernen verbunden und bildet mit diesen einen wirkungsvollen, tischförmigen Rahmen, der auch heftigen Erdbebenschwingungen standhalten kann.

Keine geringe Rolle spielten für die Bauproduktion die Produktionsbedingungen und die mangelnde Verfügbarkeit qualitätvoller Baustoffe sowie Importbeschränkungen. Geringere Beton- und Stahlgüten zwangen die Ingenieure an vielen Stellen, vom Optimum abzuweichen und andere, einfacher zu bauende Konstruktionen zu wählen. Aus denselben Gründen mussten die Architekten so manches delikate Detail aufgeben, weil es unter den asiatischen Bedingungen nicht herstellbar war.

Kreis und Quadrat, die geometrischen Elemente des Grundrisses, sind in der vietnamesischen Mythologie verankert. Die Münzen aus der Kaiserzeit vor 1945 waren rund und hatten in der Mitte eine quadratische Ausstanzung. Rund der Himmel, quadratisch die Erde, dies die kosmisch-irdisch-kaiserliche Symbolik. Beim Museum haben die Architekten diese Symbole umgedreht. Ein Quadrat umfängt einen Kreis. Das Quadrat wendet sich nach außen, der Kreis, die Rotunde, empfängt das Licht von oben, vom Himmel.

So kommt es, dass wer den im Schatten liegenden, durch drei kräftige Portalrahmen definierten Eingang durchschreitet, im Inneren durch überraschende Lichtfülle empfangen wird. Helles Zenitlicht fällt durch Oberlichte ins Zentrum des Hauses und zieht die Blicke nach oben.

Aufregendstes Merkmal ist die Spiralrampe rings um die Rotunde bis hinauf ins dritte Obergeschoss, die zu begehen für die Besucher nicht nur ein Architekturerlebnis ist, sondern, wie zu beobachten, ein gesellschaftliches, interaktives.

Natürlich fühlt man sich gleich an Frank Lloyd Wrights Guggenheim Museum in New York und dessen berühmte Spiralform erinnert, doch hier sind die Dimensionen größer, weiter, offener. Während im Guggenheim Museum an den Außenwänden der Spirale die Bilder hängen, an denen man vorbeigeht, bieten sich im Hanoi Museum von der Rampe aus Einblicke in die Geschosse und Orientierung über die Räumlichkeiten, die von der Rampe erschlossen werden. Zwischen den Durchblicken geben gebogene Wände dem Raum Halt. Durch die

the same magnetic polarity, the ceilings are paper-thin, the pillar profiles are more fine structuring than load-bearing construction elements, and the lamella roof providing protection from the sun is light and filigree. A metal grid with a pattern consisting of multi-interlacing

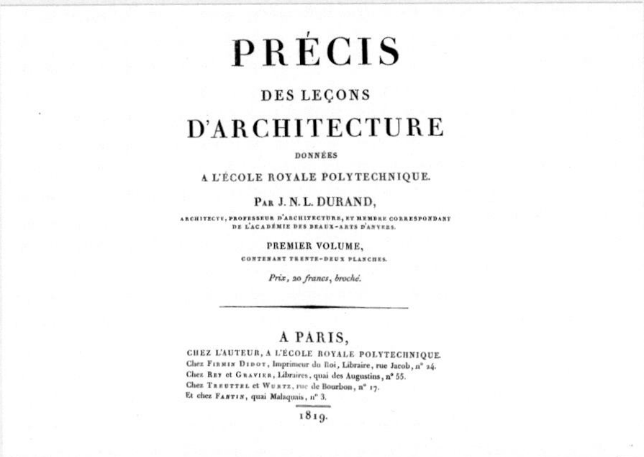

PRÉCIS
DES LEÇONS
D'ARCHITECTURE
DONNÉES
A L'ÉCOLE ROYALE POLYTECHNIQUE.
PAR J. N. L. DURAND,
ARCHITECTE, PROFESSEUR D'ARCHITECTURE, ET MEMBRE CORRESPONDANT DE L'ACADÉMIE DES BEAUX-ARTS D'ANVERS.
PREMIER VOLUME,
CONTENANT TRENTE-DEUX PLANCHES.
Prix, 20 francs, broché.

A PARIS,
CHEZ L'AUTEUR, A L'ÉCOLE ROYALE POLYTECHNIQUE.
Chez FIRMIN DIDOT, Imprimeur du Roi, Libraire, rue Jacob, n° 24.
Chez REY et GRAVIER, Libraires, quai des Augustins, n° 55.
Chez TREUTTEL et WURTZ, rue de Bourbon, n° 17.
Et chez FANTIN, quai Malaquais, n° 3.
1819.

8

squares protects the windows against bright light during the day. At night, the museum glows auspiciously through a latticed veil.

Undoubtedly, the design of the "inverted pyramid" posed a challenge to the engineers in particular. It demanded mastery of the unusual overhangs, as well as high wind loads, especially at the exposed corners. Substrate capable of bearing loads was not found until a depth of 45 meters, which meant that the building had to be founded on augered piles.

For the bracing of the building, four solid staircase and elevator cores were built around the rotunda, along which the ceilings can divert horizontal wind loads. Truss posts are used so the stair towers also absorb the vertical loads of the roof constructions from which the ceilings are suspended. The roof construction consists mainly of a grid of girders 5 meters high and 1 meter thick. Only in the center and at the peripheries is it made of steel. The concrete girder grid is connected monolithically to the staircase cores, forming an effective, table-shaped frame which can even withstand violent seismic vibrations.

Production conditions, the insufficient availability of high-quality building materials, and import restrictions played a significant role during building production. In many cases, low concrete and steel qualities forced the engineers to deviate from the optimum and to use other designs that were simpler to build. For the same reasons, the architects had to abandon numerous delicate details because these could not be manufactured under Asian conditions.

The circle and the square, the geometric elements of the ground plan, are entrenched in Vietnamese mythology. The coins from the imperial period before 1945 were round and had a punched-out square in the middle. The round sky and the square earth characterized the cosmic-worldly-imperial symbolism. For the museum, the architects reversed these symbols. A square surrounds a circle. The square faces the outside, while the circle, the rotunda, receives light from the sky above.

As a result, anyone passing through the shaded entrance defined by three sturdy portal frames is met on the inside by a surprising abundance of light. Bright vertical light falls through skylights into the center of the building and draws the gaze upwards.

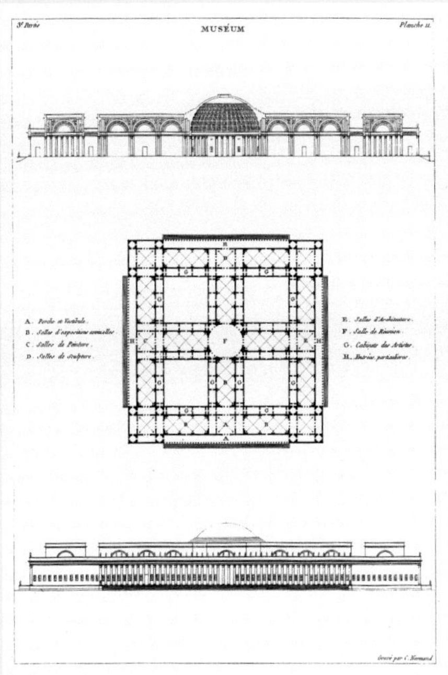

8

Weite des Raums sind diagonale Durchblicke über mehrere Geschosse hinweg möglich: Man kann sehen, was sich dort abspielt. Eine weitere Attraktion ist der in der Mitte abgehängte, ausgreifende „Kronleuchter", ein dunkler Ring von zwölf Metern Durchmesser mit vier Speichen und integrierten Downlights, der allein durch seine Dimension bereits raumdefinierende Wirkung hat.

Die Geschossflächen zwischen dem runden Atrium und den vier quadratischen Treppentürmen sind Bewegungsraum und Verkehrsfläche, von der aus die umlaufenden eigentlichen Ausstellungsräume erreichbar sind. Wenngleich zu Beginn des Projekts von einem „historischen Stadtmuseum" die Rede war, war noch nicht abschließend geklärt, welche gesellschaftliche Aufgabe dem Museum tatsächlich zugedacht werden sollte. Ein konkretes Ausstellungsprogramm war den Architekten auch nicht ansatzweise vorgegeben worden. In Konsequenz daraus versuchten sie, möglichst wenig definierte Ausstellungsflächen zu schaffen. Die Raumfluchten entlang der Außenseiten des Quadrats lassen sich beliebig öffnen und schließen, ein- und unterteilen oder als Dunkelräume ausbauen. Durch die zahlreichen tangentialen Zugangsmöglichkeiten eröffnen sich den Kuratoren vielfältigste räumliche Möglichkeiten.

9

Im obersten Geschoss sind Büroräume, Konferenzsäle und die Bibliothek untergebracht. Ein großer Vortragssaal und Bankettträume stecken im Untergeschoss und im Sockel unterhalb der Terrasse in einem *sunken garden*. Dadurch erhalten die unteren Ebenen Tageslicht, und auch das Untergeschoss der Rotunde ist als multifunktionaler Saal zu nutzen.

Noch ist das Museum mehr Verheißung als Offenbarung. Das Potenzial des Gebäudes ist noch nicht ausgeschöpft. Noch wird das Museum nicht mit didaktisch anspruchsvollen Ausstellungen angemessen bespielt. Die Bürger von Hanoi, die zur Einweihung in Scharen in das Gebäude geströmt waren, warten noch auf die finale Ausstellung. Ein australisches Ausstellungsteam hat ein Konzept erarbeitet, dessen Umsetzung noch aussteht. Die zehn in die Freiflächengestaltung des umgebenden Parks integrierten Plattformen zur Präsentation von Exponaten im Freien stehen noch leer, bieten sich aber für translozierte Häuser und Dorftypen an. Bislang ist die schöne Sammlung von Bonsais, die die Provinzen zur Eröffnung nach Hanoi geschickt hatten, die einzige Attraktion im Umfeld. Umso wirkmächtiger steht das Hanoi Museum selbst mit seiner eindrucksvollen Großform im Stadtbild und ist Wegmarke und Wahrzeichen an einer der geschäftigsten Kreuzungen der Stadt.

The most exciting feature is the spiral ramp around the rotunda up to the third upper level. For visitors, walking on it is not only an architectural experience, but also, as can be observed, a social and interactive one.

Naturally, one is immediately reminded of Frank Lloyd Wright's Guggenheim Museum in New York and its famous spiral shape, but here the dimensions are larger, wider, more open. In the Guggenheim Museum, visitors pass by the pictures hanging on the outer walls of the spiral; in Hanoi, the ramp provides views into the different levels and orientation of the rooms accessed from the ramp. Between these views, curved walls bring stability to the space. The spaciousness of the room offers diagonal views across several levels, enabling visitors to see what is happening there. A further attraction is the sweeping chandelier suspended in the middle, a dark ring 12 meters in diameter, with four spokes and integrated downlights, which already has a room-defining effect due to its size alone.

The floor spaces between the round atrium and the four square stair towers are circulation areas and thoroughfares from which the surrounding actual exhibition rooms can be reached.

Even though there was talk of a "historical city museum" at the beginning of the project, at that time, it had not yet been conclusively decided which social function the museum was actually intended to fulfill. The architects had not received even the remotest specification of an exhibition program. As a consequence, they attempted to create exhibition areas that were as undefined as possible. The rooms aligned along the outer sides of the square can be opened and closed, arranged and divided, or outfitted as darkrooms, as required. The numerous tangential access options provide curators with a wide range of spatial possibilities.

The top floor contains offices, conference rooms, and the library. A large lecture hall and banquet rooms are located in the basement and in the plinth below the terrace in a sunken garden. The lower levels thus receive daylight and the basement of the rotunda can also be used as a multi-purpose hall.

10

At present, the museum is more of a promise than a revelation. The building's potential has not yet been fully realized. The museum has still not been utilized for exhibitions of high didactic sophistication. The citizens of Hanoi, who flocked in droves to the building's inauguration, are still waiting for the final exhibition. An Australian exhibition team developed a concept that has yet to be implemented. The ten platforms integrated into the outside area design of the surrounding park for the open-air presentation of exhibits are still vacant, but they they lend themselves to translocated houses and model villages. Until now, the beautiful collection of bonsais sent to Hanoi for the opening by the provinces are the only attraction in the surroundings. As a result, the Hanoi Museum stands all the more compelling with its impressive large shape in the cityscape. It is a milestone and landmark at one of the Hanoi's busiest junctions.

Pläne und Zeichnungen

Plans and Drawings

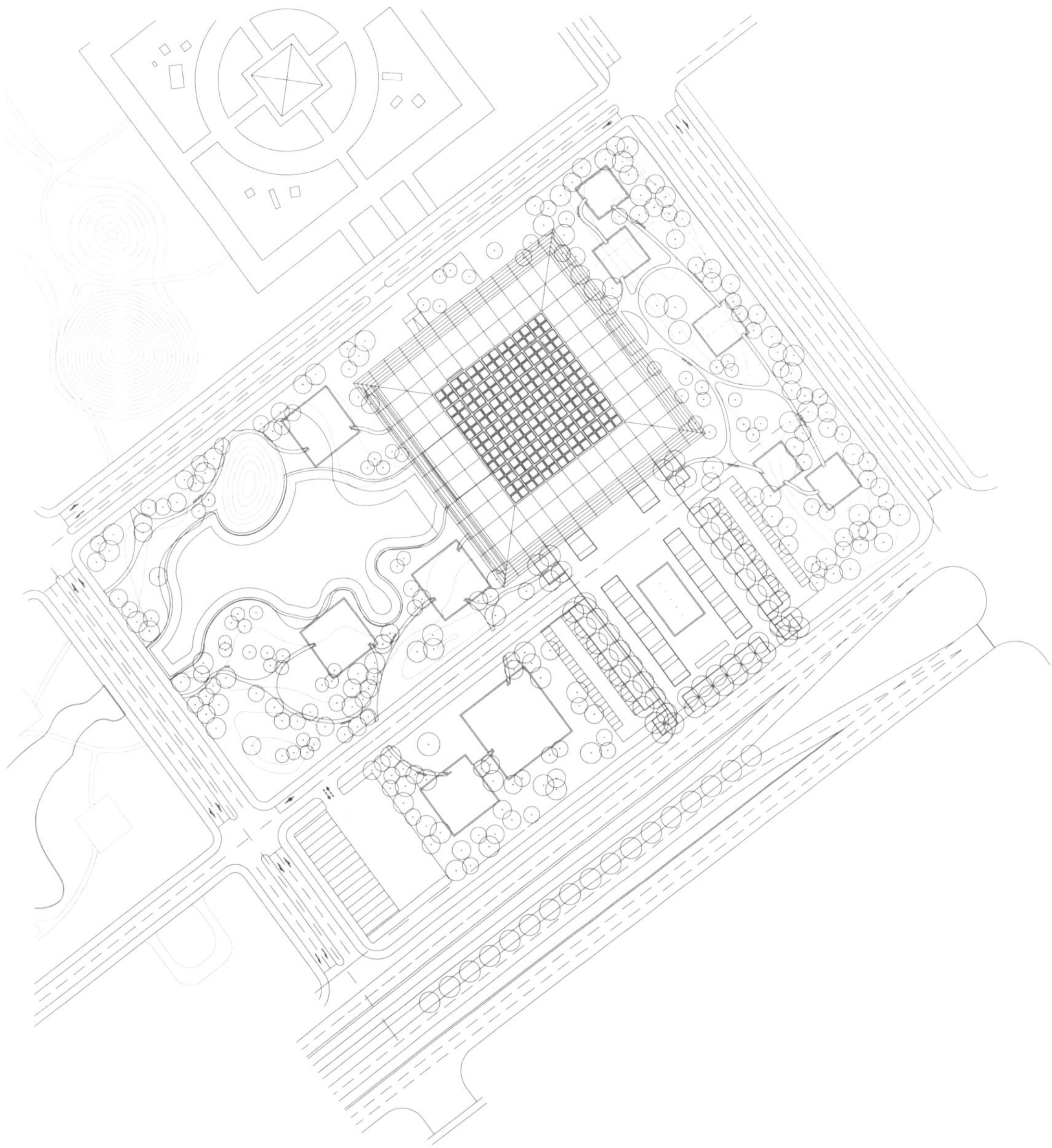

Lageplan
Site plan

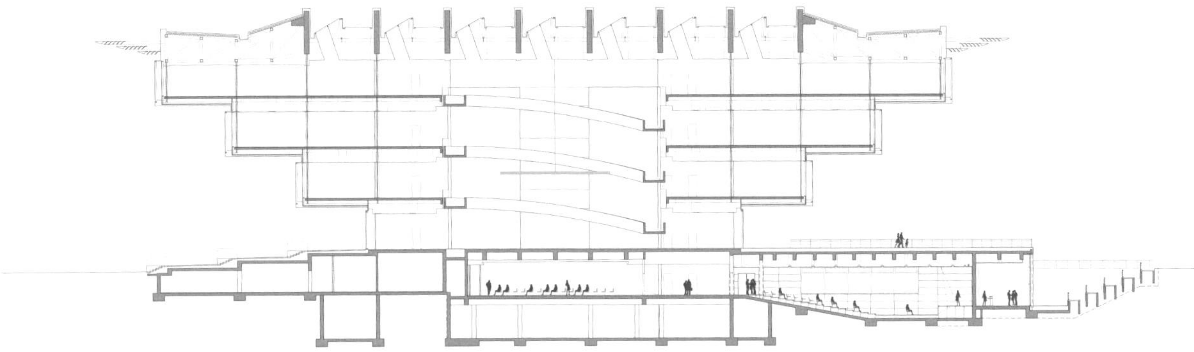

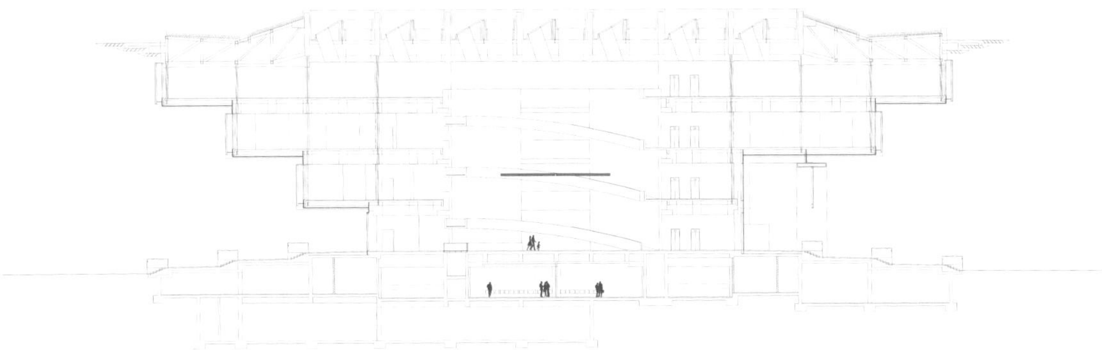

↑ Schnitt durch Ausstellungsbereiche, zentrale Rotunde und Konferenzbereiche
Section through exhibition areas, main rotunda, and conference areas

↑ Schnitt durch Ausstellungsbereiche und zentrale Rotunde
Section through exhibition areas and main rotunda

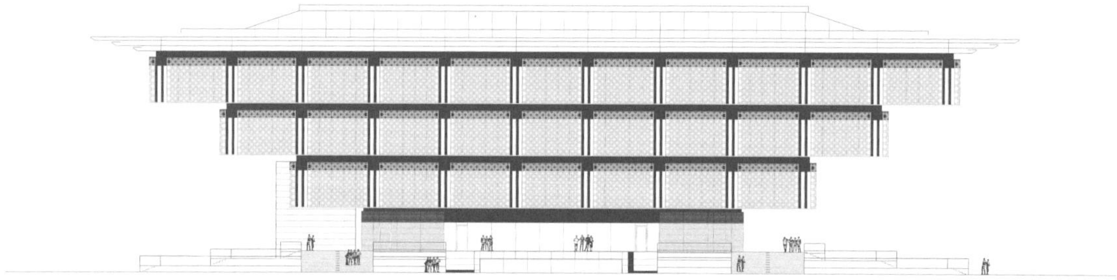

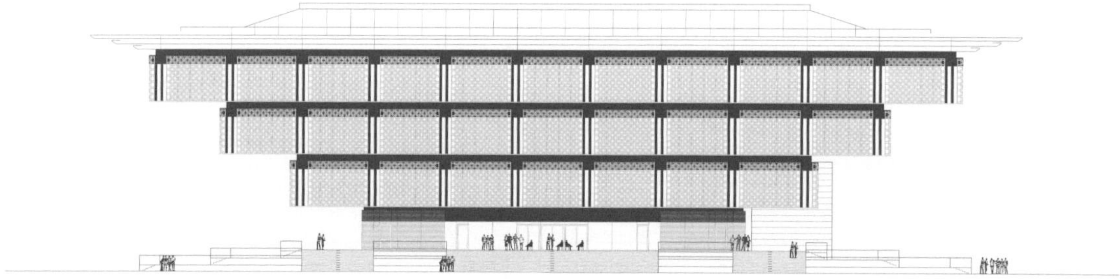

↑ Nordansicht
North elevation

↑ Südansicht
South elevation

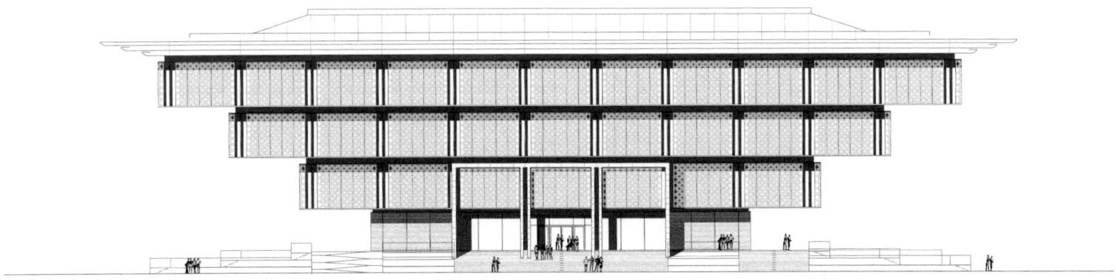

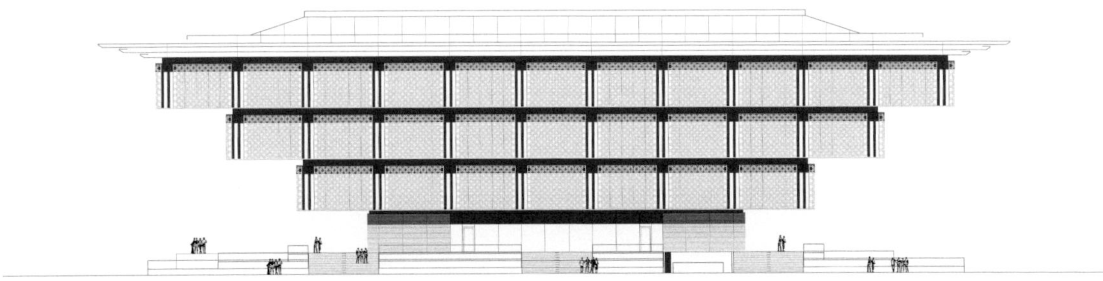

Ostansicht
East elevation

Westansicht
West elevation

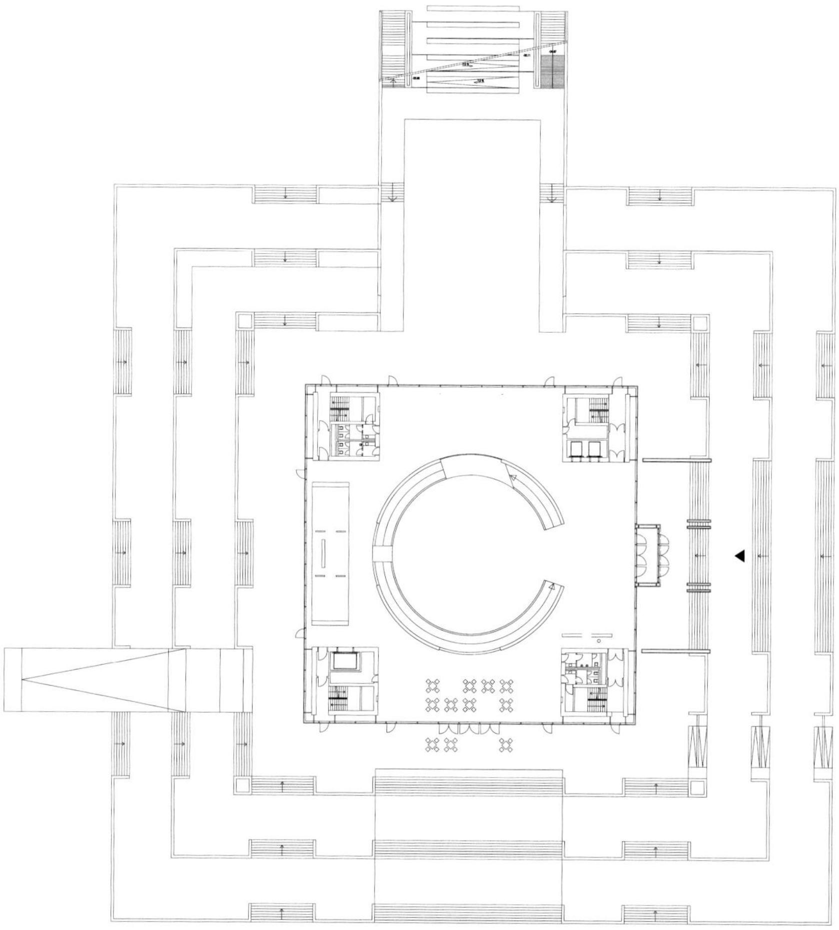

Grundriss Ebene 01 (Eingangsebene, Empfang)
Floor plan, level 01 (entrance level, reception)

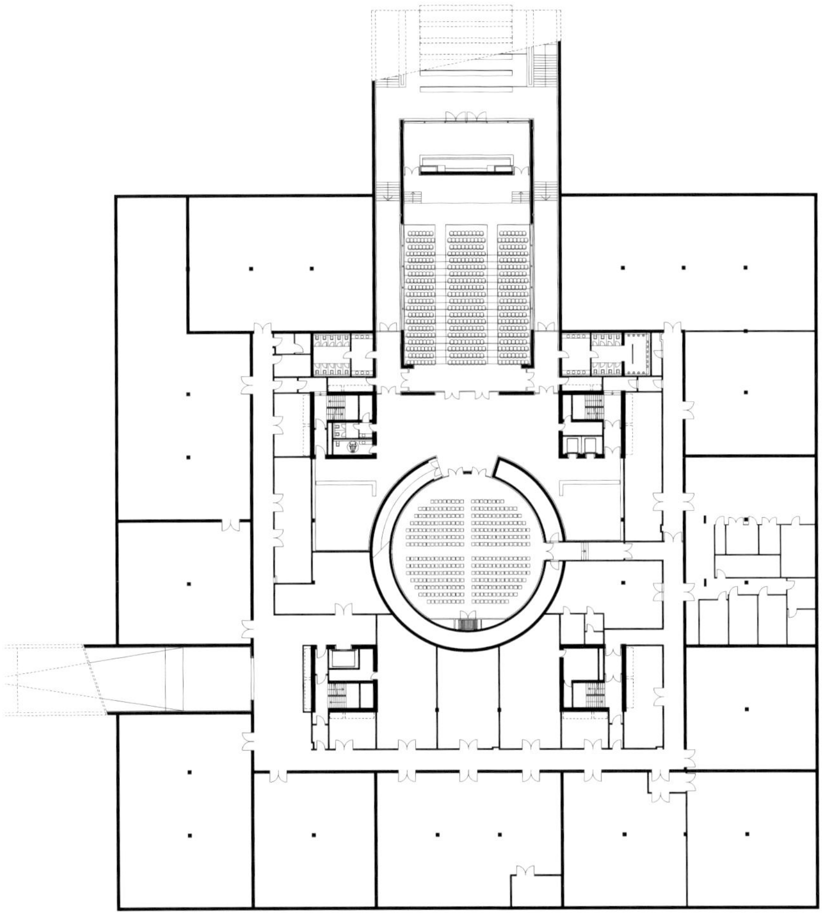

Grundriss Ebene U01 (Konferenzräume)
Floor plan, level U01 (conference rooms)

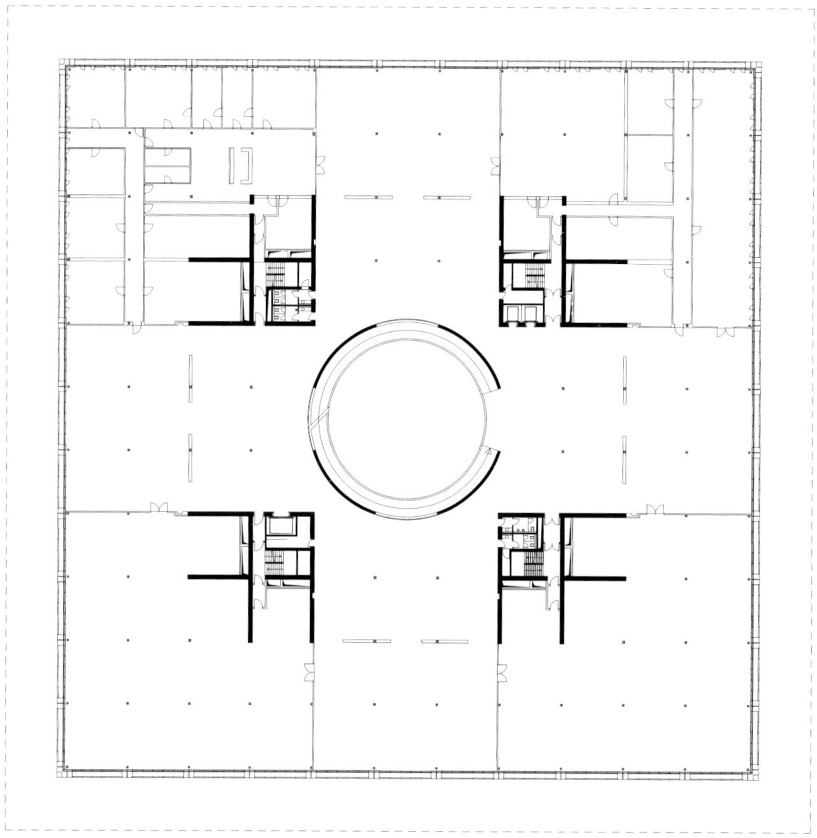

Grundriss Ebene 04 (Ausstellungsebene, Verwaltung, Bibliothek)
Floor plan, level 04 (exhibition level, administration, library)

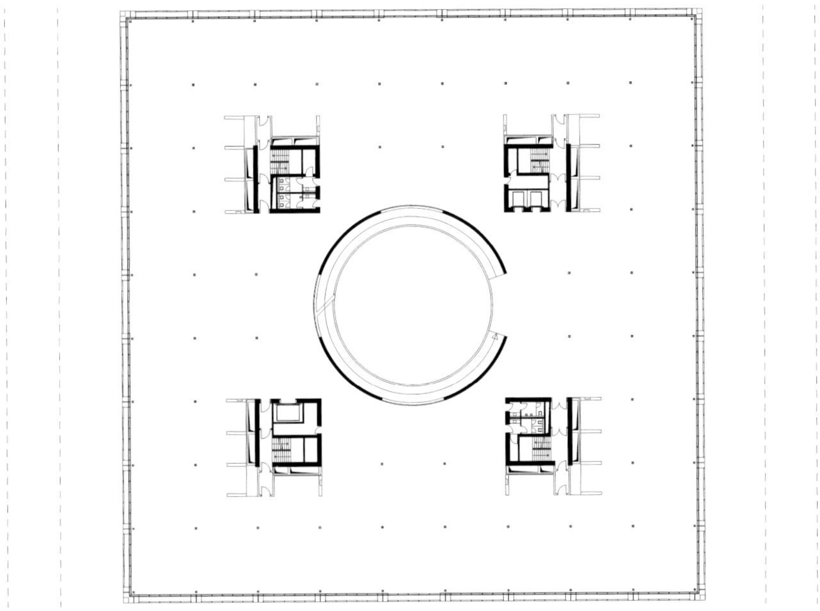

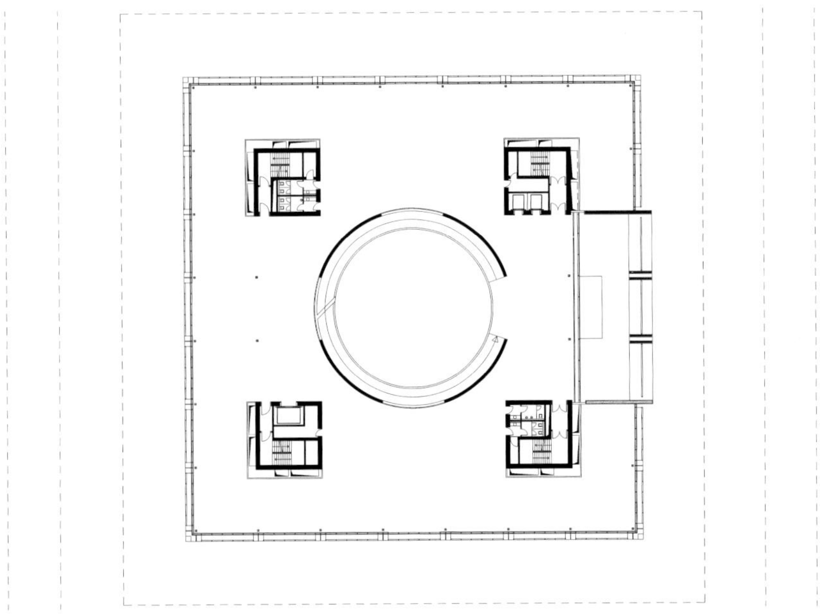

↑ Grundriss Ebene 03 (Ausstellungsebene)
Floor plan, level 03 (exhibition level)

↑ Grundriss Ebene 02 (Ausstellungsebene)
Floor plan, level 02 (exhibition level)

Fotografische Dokumentation

Photographic Documentation

VINACONEX-9
HUNG HAI

VIETTEL

Das Hanoi Museum ist eine auf dem Kopf stehende Pyramide.
The Hanoi Museum is an inverted pyramid.

↑ Das Museum ist von allen Seiten zugänglich.
The museum can be accessed from all directions.

→ Die Ausstellungsebenen sind nach oben hin terrassenförmig auskragend, sodass die Exponate vor direkter Sonneneinstrahlung geschützt werden.
The exhibition levels are arranged as terraces projecting further outwards on each higher floor, protecting the exhibits from sun.

← Beim Blick hinaus hat der Besucher den Eindruck, über der Landschaft zu schweben.
Looking out, visitors seem to be floating over the landscape.

↑ Die vietnamesische Ornamentik ist als wiederkehrendes Element in die Fassade der oberen Geschosse eingearbeitet.
The Vietnamese ornaments are incorporated as a recurrent design element into the façade of the upper levels.

Der Sockel ist mit Rasenstreifen begrünt und bildet einen Übergang von außen nach innen.
The plinth is greened with strips of lawn and creates a transition from the outside to the inside.

Der Bau unterbricht den Weg des Besuchers nicht, sondern schafft Übergänge.
The building does not block the visitor's path, but creates transitions.

↑ In die oberen Ebenen gelangen die Besucher über eine spiralförmige Rampe.
Visitors reach the upper levels via a spiral ramp.

Die Rampe ermöglicht Blickbezüge zum Foyer und zu den Ausstellungsflächen.
The ramp offers direct views into the entrance hall and the exhibition areas.

Für die Ausstellung ist ein Diorama mit der vietnamesischen Dschungellandschaft nachgebaut worden.
A diorama showing the Vietnamese jungle landscape has been recreated for the exhibition.

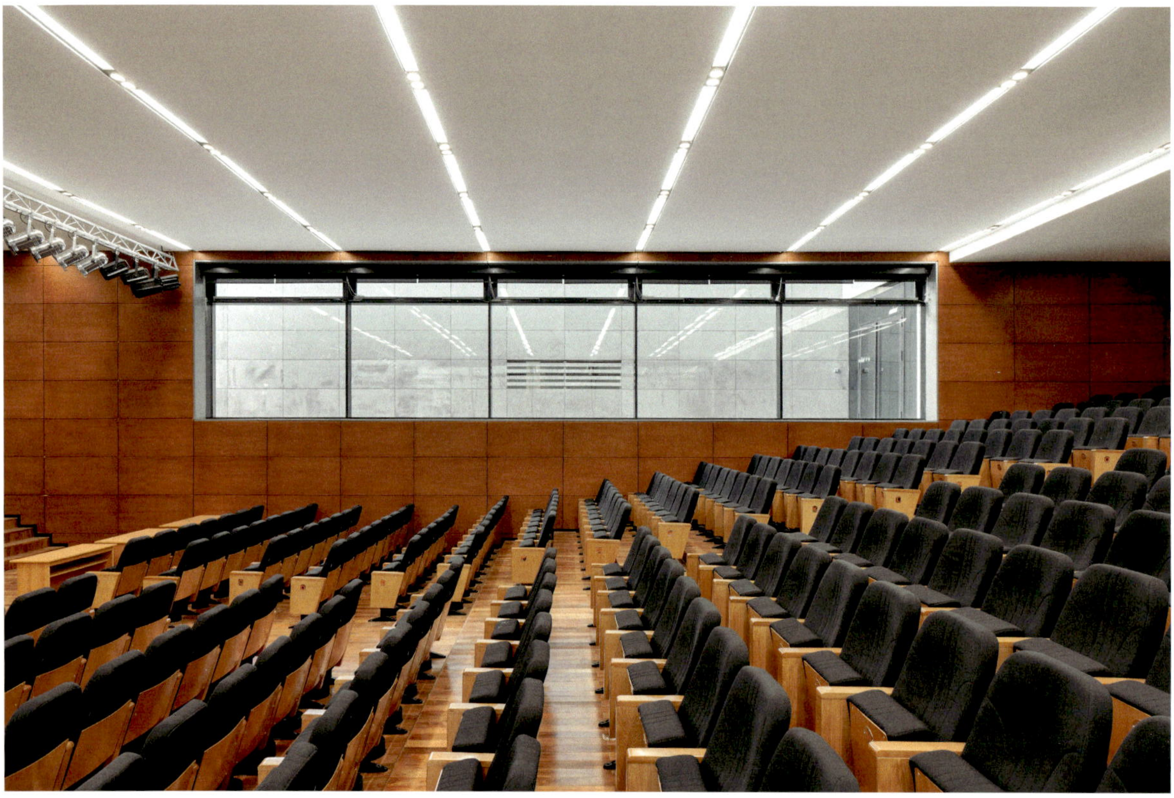

Das Museum ist im Untergeschoss mit Konferenzsälen ausgestattet.
The museum is outfitted with conference rooms in the basement.

Verglaste Fassadenbereiche bieten dem Besucher Ausblicke durch die Ornamentfassade.
Glazed façade areas offer visitors views through the ornament façade.

Anhang

Appendix

gmp Entwurfsteam Design Team

Meinhard von Gerkan
Prof. Dr. h. c. mult. Dipl.-Ing. Architekt BDA

geboren 1935 in Riga (Lettland). Gemeinsam mit Volkwin Marg gründete von Gerkan 1965 gmp Architekten von Gerkan, Marg und Partner. Schon am Beginn seiner Karriere stand mit dem Flughafen Tegel ein bedeutendes Projekt, dem zahlreiche weitere bis heute folgten. 1974 wurde von Gerkan von der Universität Braunschweig auf den Lehrstuhl für Entwerfen berufen, 2005 erhielt er die Ehrendoktorwürde durch die Chung Yuan Christian University in Chung Li (Taiwan). Das East China Normal University College of Design in Shanghai verlieh von Gerkan 2007 eine Ehrenprofessur, 2014 ernannte ihn die Tongji University zum Advising Professor. Von Gerkan ist Mitglied der Freien Akademie der Künste zu Hamburg und hat zahlreiche weitere Auszeichnungen erhalten, unter anderem den Fritz-Schumacher-Preis, den Rumänischen Staatspreis, den Großen Preis des Bundes Deutscher Architekten und das Bundesverdienstkreuz.

Born in 1935 in Riga, Latvia, von Gerkan founded gmp Architekten von Gerkan, Marg and Partners with Volkwin Marg in 1965. The beginning of his career was marked by an important project–Tegel Airport–which has been followed by many others to this day, including the main railway station in Berlin and the planning of the 1.3-million city of Lingang. In 1974 von Gerkan was appointed to the Chair for Design by Braunschweig University, and in 2005 he was awarded an honorary doctorate by Chung Yuan Christian University in Chung Li, Taiwan. The East China Normal University College of Design in Shanghai awarded von Gerkan an honorary professorship in 2007, and Tongji University in Shanghai appointed him Advising Professor in 2014. He set up the gmp Foundation and the Academy for Architectural Culture for the advancement of gifted young architects. Von Gerkan is a member of the Freie Akademie der Künste, Hamburg and has received numerous other awards such as the Fritz Schumacher prize, the Romanian State prize, the Association of German Architects Grand Award and the Federal Cross of Merit.

Nikolaus Goetze
Dipl.-Ing. Architekt

geboren 1958 in Krefeld. 1987 schloss er sein Studium an der RWTH Aachen mit dem Diplom ab. Ein DAAD-Stipendium führte ihn 1985 in die Meisterklasse von Prof. W. Holzbauer, Hochschule für angewandte Künste, Wien. Seit mehr als 25 Jahren ist er als Architekt im Büro von Gerkan, Marg und Partner tätig, seit 1998 als Partner. Nikolaus Goetze ist unter anderem verantwortlich für die Großprojekte Grand Theatre Chongqing, Masterplanung und Maritim-Museum für Lingang New City, Shanghai, Hanoi Museum und Nationalparlament in Hanoi. Aktuelle Arbeitsschwerpunkte in Deutschland sind unter anderem der Neubau für die Kunsthalle Mannheim und das Designzentrum für Audi in Ingolstadt. Als Mitinitiator der aac - Academy for Architectural Culture - ist er maßgeblich an der Veranstaltung von Workshops beteiligt. Verschiedene Workshops standen bisher unter seiner Leitung.

Born in 1958 in Krefeld, Goetze graduated from RWTH Aachen University, completing his diploma in 1987. A DAAD grant enabled him to attend the master class of Prof. W. Holzbauer at the University of Applied Arts in Vienna in 1985. He has been working as an architect for von Gerkan, Marg and Partners for more than twenty-five years and, in 1998, became a partner. Nikolaus Goetze is responsible for the following large projects, among others: Grand Theatre Chongqing, the masterplan and Maritime Museum for Lingang New City, Shanghai, the Hanoi Museum, and the National Parliament in Hanoi. Several current key projects in Germany are the new construction of the Kunsthalle Mannheim and the Design Centre for Audi in Ingolstadt. As co-initiator of the aac–the Academy for Architectural Culture–he plays a significant role in workshops organized by the aac. To date he has led a number of workshops.

Klaus Lenz
Dipl.-Ing. Architekt

geboren 1960 in Hamburg. Lenz machte nach dem Abitur in Hamburg eine Ausbildung zum Zimmermann und schloss ein Architekturstudium in Braunschweig an. 1990 kam er zu gmp und realisierte als Projektleiter zahlreiche Projekte, vor allem in China und Vietnam, darunter das National Convention Center Hanoi, das Hanoi Museum und das China Maritime Museum in Lingang. Seit 2013 ist Lenz Geschäftsführer der iproplan Planungsgesellschaft.

Born in 1960 in Hamburg, Lenz trained to become a carpenter after completing his "Abitur" (A levels) in Hamburg, and then studied architecture in Braunschweig. In 1990 he joined gmp as project manager and completed numerous projects, primarily in China and Vietnam, including the National Convention Centre, Hanoi, the Hanoi Museum, and the China Maritime Museum in Lingang. Since 2013, Lenz has been Managing Director of iproplan Planungsgesellschaft.

gmp Projektleitung Project Management

Marcus Tanzen
Dipl.-Ing. Architekt

geboren 1970 in Delmenhorst. Tanzen studierte Architektur an der FH in Oldenburg und kam 2002 zu gmp, wo er als Chief Architect tätig ist. Er hat als Projektleiter zahlreiche Projekte realisiert, unter anderem das Maritime Museum in Lingang New City oder das Hanoi Museum. Aktuell arbeitet er am Neubau des Parlaments für die Sozialistische Republik Vietnam.

Born in 1970 in Delmenhorst, Tanzen studied architecture at the Oldenburg University of Applied Sciences and joined gmp in 2002 where he works as Chief Architect. He has completed numerous projects as Project Manager, such as the Maritime Museum in Lingang New City and the Hanoi Museum. He is currently working on the new Parliament building for the Socialist Republic of Vietnam.

Tuyen Tran Viet
Dipl.-Ing. Architekt

geboren 1952 in Saigon (Vietnam). Tran Viet studierte Architektur in Karlsruhe und Braunschweig und kam 1978 zu gmp. 1985 gründete er mit Ricardo Amorelli und Peter Sembritzki STV Architekten und erhielt 1994 den BDA-Preis für das Parkhaus am Holstentor in Lübeck. Ab 2004 hat er als Projektleiter für gmp in Hanoi zahlreiche Projekte betreut, darunter das National Convention Center, das Innenministerium und das Hanoi Museum. Tran Viet lebt und arbeitet als freischaffender Architekt und Stadtplaner in Hamburg.

Born in 1952 in Saigon, Vietnam, Viet studied architecture in Karlsruhe and Braunschweig and joined gmp in 1978. In 1985 he formed STV Architects with Ricardo Amorelli and Peter Sembritzki; he received the BDA award for the multistory garage "am Holstentor" in Lübeck in 1994. From 2004 he managed numerous projects for gmp in Hanoi, including the National Convention Centre, the Ministry of the Interior, and the Hanoi Museum. Tran Viet lives and works as a freelance architect and urban designer in Hamburg.

Tragwerk Supporting Framework

Karin Dretzke
Dipl.-Ing. Bauwesen Building Construction

geboren 1954 in Schependorf. Dretzke studierte an der Hochschule für Bauwesen Leipzig und arbeitet seit 1976 in der INROS Lackner SE, zunächst als Projektingenieurin für Tief- und Ingenieurbau, bis sie 1982 in den Fachbereich Tragwerksplanung wechselte und dort auch als Projektleiterin für Auslandsprojekte in Hanoi, Vietnam, eingesetzt wurde.

Born in 1954 in Schependorf, Dretzke studied at the University for Building Construction in Leipzig and, since 1976, has worked at INROS Lackner SE, initially as a Project Engineer for civil and engineering construction until 1982, when she moved to the Department for Structural Design. She has been deployed as Project Leader for overseas projects in Hanoi, Vietnam.

Haiko Mennenga
Dipl.-Ing. Maschinenbau Mechanical Engineering

geboren 1966 in Warnemünde. Mennenga studierte Maschinenbau an der Universität Rostock mit dem Schwerpunkt Schiffbaukonstruktion. 1994 kam er zu INROS Lackner SE. Mennenga ist DVS-geprüfter Schweißfachingenieur und hat zahlreiche (Groß-) Projekte im In- und Ausland realisiert, unter anderem in Vietnam, Turkmenistan, Indonesien und Russland.

Born in 1966 in Warnemünde, Mennenga studied mechanical engineering at Rostock University, majoring in shipbuilding. In 1994 he joined INROS Lackner SE. Mennenga is a specialist welding engineer with DVS certification and has completed numerous (large) projects at home and abroad, for example, in Vietnam, Turkmenistan, Indonesia, and Russia.

Autoren und Fotografen Authors and Photographers

Falk Jaeger
Prof. Dr., Autor und Journalist Author and Journalist

geboren 1950 in Ottweiler/Saar. Jaeger studierte Architektur und Kunstgeschichte in Braunschweig, Stuttgart und Tübingen und wurde an der TU Hannover promoviert. Seit 1976 arbeitet er als freier Architekturkritiker. 1983–88 war er Assistent am Institut für Baugeschichte und Bauaufnahme der TU Berlin. Jaeger lehrte an verschiedenen Hochschulen und hatte von 1993–2000 den Lehrstuhl für Architekturtheorie an der TU Dresden inne. Jaeger lebt als freier Publizist, Dozent, Kurator und Fachjournalist in Berlin.

Born in 1950 in Ottweiler, Saar, Jaeger studied architecture and art history in Braunschweig, Stuttgart, and Tübingen and received a doctorate from Hanover Technical University. He has been working as an independent architectural critic since 1976. From 1983 to 1988 he worked as Assistant at the Department for Building History and Construction Surveying of Berlin Technical University. Jaeger has been teaching at a number of universities, and from 1993 to 2000, he held the Chair for Architectural Theory at Dresden Technical University. Jaeger lives in Berlin as an independent publicist, associate professor, curator, and journalist.

Marcus Bredt
Fotograf Photographer

geboren 1968 in Göttingen. Am Lette-Verein in Berlin wurde Bredt von 1992 bis 1994 zum Fotografen ausgebildet. Er spezialisierte sich früh auf Architekturfotografie und hat für internationale Auftraggeber gearbeitet, etwa für Daniel Libeskind oder Sauerbruch Hutton. gmp begleitet Bredt seit 2004 weltweit mit seinen Aufnahmen. Er hat nationale Projekte wie den Berliner Hauptbahnhof ebenso dokumentiert wie internationale zum Beispiel in China, Vietnam, Südafrika und Brasilien. Bredt lebt in Berlin.

Born in 1968 in Göttingen, Bredt trained as a photographer at the Lette Association in Berlin between 1992 and 1994. He specialized in architectural photography from early on and has worked for international clients such as Daniel Libeskind and Sauerbruch Hutton. Bredt has been taking photographs for gmp all over the world since 2004. He has documented national projects, such as Berlin's main railway station, as well as international ones, for example in China, Vietnam, South Africa, and Brazil. Bredt lives in Berlin.

Projektdaten Project Data

Bauherr Client
Hanoi Culture and Information Department

Internationaler Wettbewerb International Competition
2005 – 1. Preis 1st prize

Entwurf Design
Meinhard von Gerkan und and Nikolaus Goetze
mit with Klaus Lenz

In Kooperation mit In cooperation with
INROS LACKNER AG

Projektleitung Project Management
Marcus Tanzen

Projektleitung Hanoi Project Management Hanoi
Tuyen Tran Viet

Mitarbeiter Entwurf Design Staff
Marcus Tanzen, Udo Meyer

Mitarbeiter Staff
Johann von Bothmer, Nicole Flores, Martin Friedrich,
Ulf Hahn, Jessica Last

Statik Structural Engineering
INROS LACKNER SE

Landschaftsplanung Landscaping
Breimann & Bruun

Lokales Partnerbüro Local Partner Practice
CABR Vietnam Investment Consulting and Construction
Design Joint Stock Company

Haustechnikplanung Technical Equipment
INROS LACKNER SE

Bauzeit Construction Period
2008–2010

BGF insgesamt GFA in total
30 000 m²

Bildnachweis Picture Credits

Marcus Bredt
Titelmotiv Cover
Bildstrecke Spreads
Seiten Pages 6–7, 46–83

gmp
Seiten Pages 15, 36–43

Meinhard von Gerkan
Seite Page 17

Heiner Leiska
Seiten Pages 18, 20, 21

ullstein bild
1 Westend61/Petrol
Seite Page 26
2 JOKER/Paul Eckenroth
Seite Page 28 unten bottom
3 imageBROKER/fotosol
Seite Page 28 oben top
4 Westend61/Wolfgang Weinhäupl
Seite Page 30

Précis des Leçons d'Architecture données a l'école royale polytechnique par J.N.L. Durand, Paris 1819 (Reprint Nördlingen 1975, Verlag Dr. Alfons Uhl)
Seite Page 31

akg-images
Gerard Degeorge
Seite Page 29

Fotolia
1 Pankow
Seite Page 27 oben top
2 Renáta Sedmáková
Seite Page 27 unten bottom
3 Anibal Trejo
Seite Page 32
4 Claudio Divizia
Seite Page 33

ON Grafik – Hamburg
1 modifizierte Welt- und Vietnamkarte
modified World and Vietnam map
http://d-maps.com
Seiten Pages 8–9
2 Karte Hanoi - Stadtgebiet
Map of Hanoi–Agglomeration area
http://www.openstreetmap.org
Seite Page 11

Danksagung Acknowledgement

Besonderer Dank gilt dem Projektteam für die Begleitung der Publikation, insbesondere Tuyen Tran Viet.
Special thanks to the project team for supervising the publication, particularly to Tuyen Tran Viet.

Impressum Imprint

Konzept Concept
Michael Kuhn gmp
Leiter PR und Kommunikation Head of PR

Herausgeber Editors
Meinhard von Gerkan gmp
Nikolaus Goetze gmp

Koordination Editorial Direction
Carolina López gmp
Xiaoshi Fang gmp

Layoutkonzept und Satz Layout and Typesetting
ON Grafik, Tom Wibberenz mit with
Hendrik Sichler, Hamburg

Korrektorat Proofreading
Philipp Sperrle (dt.)
Mara Taylor (en.)

Übersetzung Translation
Ian McCaughtrie (en.)
Hartwin Busch (Lebensläufe Curricula Vitae)

Bildredaktion und -bearbeitung Picture Editing
Trixi Hansen gmp
Guido Brixner gmp

Reproduktion Reproduction
DZA Druckerei zu Altenburg GmbH

Druck und Bindung Print Production and Binding
DZA Druckerei zu Altenburg GmbH

Papier Paper
Multi Art Silk von by Papyrus Europe
150 g/m²

Schrift Font
Linotype Avenir Next Pro

Titelmotiv Cover Picture Christian Gahl

Bibliografische Information der Deutschen Nationalbibliothek
Bibliographic information published by the Deutsche Nationalbibliothek
Die Deutsche Nationalbibliothek verzeichnet diese Publikation in der Deutschen Nationalbibliografie; detaillierte bibliografische Daten sind im Internet über http://dnb.d-nb.de abrufbar.
The Deutsche Nationalbibliothek lists this publication in the Deutsche Nationalbibliografie; detailed bibliographic data are available on the internet at http://dnb.d-nb.de

jovis Verlag GmbH
Kurfürstenstraße 15/16
10785 Berlin

www.jovis.de

ISBN 978-3-86859-330-3